본질적인 나다움

본질적인 나다움

이건태 지음

생각의빛

코로나19로 인해 소중한 사람을 눈앞에서 잃으며 깨닫게 된 것들

　항상 진동 상태로 해두던 핸드폰이 마치 무슨 일이 있는 것처럼 2번이나 길게 떨렸다. 그러나 나는 그날따라 많은 출장강의 일정으로 인해 지친 몸이었고, 친한 지인에게 위로를 받으며 마음의 여유를 찾고 있었기에 핸드폰에 눈길을 주지 않았었다. 그렇게 내 마음속 에너지도 어느 정도 채워지고 나니 그제야 부재중 전화가 남겨져 있는 핸드폰을 발견하게 되었다. 예의를 차리며 늦은 저녁에 전화할 사람이 아니기에 갑자기 등골이 싸해지며 좋지 않은 느낌이 들었다. 곧바로 전화를 걸었지만 받지 않았다. 나에게 심리상담을 받고 있었던 내담자이자 유독 가족처럼 아끼는 학생이었기에 집 가기 전에 잠깐 들러서 얼굴이라도 보고 대화를 해보고 싶었다. 초인종을 눌러도 인기척이 없어서 지쳐 잠든 것 같아 챙겨온 간식들이라도 전해주고 올 심산으로 문고리에 종이가방을 걸고 있었는데 문이 조심스레 열렸다. 안쪽에 간식을 들여놓고자 현관문을 살짝 열고 그 아이의 이름을 부르며 들어갈 때 현관문 바로 앞 불투명한 중문에 테이프로 붙여진 A4 한 장의 글을 보고 나는 내 손에 있던 모든 소지품을 집어 던지며 달려 들어갔다. 그때 온 전화를 받았어야 했다. 아무리 내 몸이 힘들고 지쳤더라도 그 마지막 전화를 받았어야만 했다. 목을 조이던 줄을 가위로 끊고 119에 전화를 하며 쉬지 않고 심폐소생술을 하였으나 구급 대원분들께 들은 말은 "이미 돌아가셨습니다"였다. 난생처음 온몸으로 간절하게 하나님을 부르짖었고, 내 온몸과 마음을 찢어발기고 싶은 심정이었다.

나는 아직도 그 학생이 나에게 했던 마지막 말을 기억한다.

"쌤, 코로나 시기가 되고 나서 제가 요즘 무슨 생각이 드는지 아세요? 이 세상에서 무(無)라는 존재가 되고 싶더라고요. 나 자신이 사라졌으면 좋겠어요."

그 말이 무슨 마음이 들어서 이야기를 한 것인지 인지시켜주었어야 했다. 심리 강사이자 선생님이라는 말을 듣는 내가 그 감정이 무슨 감정인지 알려주었어야 했다. 그 뒤로 장례식장에서 두 손을 가지런히 모으고 누워있는 그 아이의 모습을 보면서 마지막으로 할 말을 하라고 자리를 만들어주었다. 나는 미안하다는 말조차 나오지 않을 정도로 너무 미안하고, 책임을 다하지 못한 자책과 죄책감에 차마 입이 떨어지지 않았다. 간신히 힘겹게 마음을 전하고 더욱더 이런 일이 없게 하겠다는 다짐을 하며 마지막 화장하기까지 넋을 놓고 보냈다. 그렇게 집에 돌아오고 몇 달간은 아무 일도 하지 못하고 제대로 먹지도 않은 채 침대 위의 시체처럼 누워 있다가 가끔 앉아서 내 머리를 쥐어뜯는 것을 반복하며 살았다. 아니 살아있는 척했다.

그리고 나를 살펴주던 사람들 덕분에 마지막으로 그 아이와 다짐했던 것을 떠올리며 장례식장에서 받아온 명세서를 보고 결심했다. 두 번 다시 이 힘든 시기에 살아가는 청년들이 감정으로 인해 스스로 잘못된 결정을 하는 일을 없게 하는데 미약한 힘이지만 이바지하겠다고 말이다.

나에게 너무나 소중한 사람을 눈앞에서 잃어본 적이 있는가? 대성통곡이라는 고사성어를 진심으로 공감할 수 있는가? 나는 마음이 저리도록 공감할 수 있게 됐다. 아니 공감 그 이상의 공명할 수 있게 됐다.

보통 사람들은 자신이 느끼는 감정과 상황에 따른 자신의 행동들이 왜 그렇게 움직이는지 이해하지 못하는 사람이 많다고 본다. 특히나 우리나라에서는 이런 정신적 교육을 받을 기회가 적어 제대로 알지 못하며 살아가는 우리는 더욱더 그럴 수밖에 없을 것으로 생각한다. 나 자신이 어떤 사람인지, 어떤 감정이 든다면 그 감정이 왜 드는지, 내가 무엇을 좋아하고 무엇을 싫어하며 미래에 어떻게 살아가야 하는지 잘 모른다고 좌절하지 않아도 된다. '나는 누구인가?'라는 근본적인 질문에 대한 본질적인 답을 지금부터 나와 함께 찾아갈 것이기 때문이다. 나에 대한 감정과 마음에 대한 인지로부터 시작하여 이해가 되는 단계가 된다면 자신을 바라보는 다른 눈이 생길 것이다. 더불어 '나'라는 사람이 이해되는 사람은 타인에 대해서도 이해할 수 있다. 친구와의 관계, 직장에서의 관계, 연인 간의 관계, 가족 간의 관계 등 사람에 대한 스트레스를 받고 있다면 지금부터 집중해서 자신을 먼저 돌아보자. '아, 그렇구나!'라고 생각하는 순간 이미 주변에서 당신의 변화를 느끼고 "너, 참 많이 변했다."라는 말을 들을 것으로 나는 확신한다. 나 또한 그 말을 들었고 나와 함께 상담했던 많은 분들도 그 말을 들었기 때문이다. 지금 당장은 나에 대해 알아가고 인지하는 것이 눈에 보이는 결과로 나오지 않을 수 있고, 때로는 이런 것들보다 더 실질적이라 느껴지는 다른 공부나 책을 보는데 시간을 쓰는 것이 낫지 않을까? 라는 생각이 들 수도 있다. 걱정하지 않아도 된다. 보이지 않는 가치를 위해 투자하는 것이 보이는 가치를 위해 투자하는 것보다 훨씬 더 중요할 때가 많으니까.

　나무의 뿌리를 내리는 것은 눈에 보이지 않지만 잎이 자라가는 것보다 중요하고, 뿌리가 튼튼하지 않은 상태에서 일어나는 성장은 결과가 뻔히 눈에 보인다. 지금부터 이 책을 통해 나와 함께하는 이 시간 만큼은 여러 갈래의 잎을 내고 이것저것 성장을 위해 하고 싶은 것들에 대한 모든 생각을 잠시만 내려놓고, 뿌리를 내리는데 집중해보는 시간을 갖자. 이것이 진정으로 나를 이해하는 과정이며 나다움을 찾아가는 여정이다. 괜찮다. 이 힘든 여정의 시간 동안 내가 옆에서 당신의 손을 잡고 함께 갈 것이다.

제1장
갑작스런 코로나 시대의 영향

코로나 시대에 MZ세대가 MBTI에 열광하는 이유

    현재 대한민국에서 사회생활을 하는 사람 중 자신의 MBTI를 모르는 사람이 몇 명이나 될까? 마치 제2의 이름이 생긴 것처럼 '나'라는 사람을 MBTI로 소개하는 문화가 생겼다. 심지어 처음 보는 사람을 만날 때나 소개팅을 할 때도 대화의 주제로 MBTI가 빠지지 않고 등장한다. 그런데 이런 현상이 사람 간의 만남에만 국한되는 것은 아니다. 기업에서도 인재를 채용할 때 원하는 MBTI 유형을 적어두는 경우가 있다. 그러다 보니 취업을 원하는 취업준비생들은 자신의 성격을 속여서 자기소개서에 쓰는 경우도 허다하다. 실제로 내가 심리상담하고 있는 대학생 중에도 성격을 통해 자신을 알아가는 것에 집중하기보다, 어떻게 하면 자신의 성격을 기업에서 원하는 성격으로 바꿀 수 있는지 방법을 물어보는 사례도 더러 있었다. 그런 말을 들을 때면 현실적인 대안과 동시에 더 중요한 자신의 본질을 아는 것이 중요하다는 잔소리를 1시간 넘도록 하고있는 자신을 발견하게 된다. 차라리 상담내용을 녹음해서 같은 고민을 하는 학생들에게 틀어주고 싶을 정도로 그 수가 적지 않다. 그도 그럴 것이 SNS에서 MBTI 관련 해시태그가 수없이 많이 나오는 것만 보더라도 이제 MBTI는 우리와 떼려야 뗄 수 없는 자아정체성처럼 되어버렸기 때문이다.

그렇다면 왜 이렇게 코로나19가 만연하게 된 이후로 유독 대한민국 MZ세대라 불리는 사람들이 MBTI에 열광하는 걸까?

이에 대해 많은 의견이 있지만 내가 상담을 하며 느낀 답은 이렇다. 코로나가 자아에 관한 관심을 만든 것이 아니라, 원래 본능적으로 가지고 있던 관심이 '드러난 것'이라고 말이다.

사람은 본능적으로 자기 자신에 대해 관심이 많다. 이를 위해서 아주 상투적이고 어렸을 적 추억과 같은 질문을 던져볼까 한다. 어머니 모태에서 태어난 시점부터 지금까지 살아오면서 '나는 누구인가?'라는 질문을 스스로 단 한 번도 해보지 않은 사람이 있는가? 아마 거의 없을 것이라고 본다. 그것이 비록 지금은 팍팍한 사막과 같은 인생의 길을 걷다 보니 어색한 질문이 되었겠지만, 진중하게 생각한 것이 아닐지라도 한 번쯤은 고민하고 생각해보았을 것이다. 이러한 생각을 본능이라고 표현한 데에는 이유가 있다. 한 예를 보자.

병원에서 근무하는 분들은 교통사고나 크나큰 사건을 겪어 의식이 없는 환자가 병원에 도착해 의식이 돌아왔을 때 처음으로 하는 질문이 똑

같다고 입을 모은다. 예상했겠지만 "여기가 어디죠? 제가 지금 어떤 상태인가요?"이다. 즉, 동서고금 남녀노소를 막론하고 사람이라면 본능적으로 '자기 자신'과 '자신이 처한 주변 상황'에 대해 생각한다는 것이다. 그러나 우리는 이 본능을 애써 저 무의식 속 안 보이는 깊은 어딘가로 꾹꾹 눌러놓고 이렇게 말하고 있는지도 모른다.

"지금은 부모님의 기대에 충족하기 위해 좋은 친구를 사귀며 공부에 집중해야 해요."

"지금은 학점과 스펙을 잘 만들어 좋은 직장에 취직해야 해요."

"지금은 삶의 안정을 위해 좋은 배우자와 결혼해야 해요."

"지금은 좋은 부모가 되기 위해 아이에게 집중해야 해요."

정말 신기한 것이 무엇인지 아는가? 10대부터 40대까지 다양한 연령대의 상담을 하면서 나는 반드시 도입부를 이렇게 시작한다. "본질적인 나다움을 찾는 것이 그 무엇보다 중요해요". 그러면 돌아오는 말은 각기 다르지만 비슷한 느낌의 대답이 나온다는 것이다. 본질적인 나를 알아가는 것은 의식적으로 노력해야만 하는 굉장히 중요한 인생의 숙제가 돼버렸다. 그러나 대다수 사람들은 이 숙제가 중요한지 본능적으로 알면서도 평생토록 그 숙제를 풀고자 하는 용기를 내는 것이 쉽지 않다. 자신의 처한 환경에서 바라는 급한 일들을 처리해가면서 마음속으로 '모두가 그렇게 사니까'라는 스스로 위안 얻는 마음만 가질 때가 많을 것이다.

그렇게 나이를 먹어감에 따라 상황에 따른 삶을 살던 우리에게 갑작스러운 코로나19 전염병이 우리를 위협하기 시작했다. 학교와 직장의 생활방식이 바뀌며, 비대면 수업과 회의, 재택근무 등 당연하게 생각해왔던 오프라인 삶이 송두리째 바뀌어버렸다. 그러다 보니 혼자 있는 시간이 늘어났고 '자신을 바라볼 수 있는 시간'이 억지로 생기게 되었다. 그동안 눌러왔던 본능이 흙을 뚫고 올라오는 줄기처럼 밖으로 표출되기 시작한 것이다. 그 표출된 본능은 걷잡을 수 없이 올라오게 되었고 '나'라는 사람에 대한 자아정체성을 찾기 위해 MZ세대들이 관심을 두게 된 것이 바로 MBTI인 것이다.

또한, 이 성격유형 검사를 통하여서 '나' 뿐 아니라 '남'에게도 시선이 돌아가게 됐다.

실제로 우리나라에서 가장 많은 MBTI 통계 순위를 보면 17년 사이에 굉장히 많이 바뀌었다는 것을 알 수 있다. 2004년 기준으로 보더라도 ISTJ, ESTJ 성향이 우리나라의 약 40%를 차지하는 가장 많은 유형이었다. 매우 현실적이고 논리적이며 책임감과 정직함, 그리고 체계적인 일 처리와 틀이 있는 질서를 중시하는 사람이 많았다는 것이다. 그러나 2021년 기준으로 보면 놀라운 변화를 볼 수 있다. INFP, ENFP, ESFJ, ISFJ가 약 40%를 차지한다. 이 사람들은 내적인 열정이 넘치며 감수성과 예술성, 높은 공감 능력, 관계 중재, 활기찬 관계 활동, 상호 간의 긍정적인 영향력교환, 장기적인 관계구축, 타인과 나누는 사랑, 헌신적, 이타적, 타인과의 소통을 추구하는 사람들이다. 즉 일 처리보다 사람 간의 관계 중심적인 사람들이 훨씬 많아졌다는 것이다. 그만큼 사람에 대한 관심도가 높아지고 있다.

최근 몇 년 전부터 전 세계적으로 인문학 열풍이 불어왔던 것을 기억하는가? 유명한 기업들에서도 스펙이나 자격증보다 자기소개서를 통한 인문학적 소양을 갖춘 인재를 뽑는 문화들이 많이 생겼다. 결국, 기계를 만드는 것도 사람이고, 그 기계를 사용하는 것도 사람이기에 IT나 하드웨어를 다루는 기업들도 사람에 대한 이해도가 높은 사람을 추구하기도 한다. 심지어 조직의 리더를 뽑는 자리에도 일 처리뿐만 아니라 관계를 잘하는 사람을 선별하여 승진하는 경우까지 생겼다.

이제는 사람에 대해 이해하는 눈을 기르는 것은 선택이 아닌 매우 중요한 필수요소가 되었다.

이제는 본능을 누르지 말자. 우리는 모두 태어나면서부터 인간의 존엄성을 가지고 태어났으며, '나'라는 사람에 대해 알고 싶어 하는 것이 지극히 당연한 것이다. 내가 현재 처해진 상황에서 나에게 바라는 것들을 급급하게 처리하며 살아가는 삶이 아니라, 인생에서 가장 중요하고 의식적 노력을 하지 않으면 평생 할 수 없을 소중한 것을 해야만 한다. 그것이 비록 당장은 필요하다고 느껴지지 않더라도 말이다.

우리가 운동이 중요한 것은 알지만 다른 것들에 비해 우선순위가 밀리는 이유가 무엇이라 생각하는가? 당장 눈앞에 급히 처리해야 할 수많은 문제가 훨씬 더 커 보이기 때문이다. 그렇게 급한 것들을 처리하고 나면 어느덧 체력이 바닥이 나서 침대로 발걸음을 향하고 있는 내 모습을 보게 되는 것이다.

또한, 물은 우리 몸의 약 60~70%를 차지하고 있어 건강을 위해서도 하루에 약 1.5~2L씩 섭취해주는 것이 중요하다는 것을 알면서도 왜 우리는 소홀히 하는가? (물론 사람의 나이와 체중에 따라 권장 섭취량은 다르다) 앞서 말한 운동과 같은 이유일 것이다. 아침에 눈을 뜨면서부터 밤에 잠을 이루기까지 우리는 신경 써야 할 것들이 너무나 많다. 그러나 한 걸음만 뒤로 물러서서 전체적인 시각으로 한번 보자.

만약 지금 당신의 손가락에 반지를 끼고 있다면 빼서 내가 말하는 대로 한번 해보라(반지가 없다면 엄지와 검지로 오케이 하듯 원을 만들면 된다). 왼쪽 눈앞으로 가져와서 반지 안으로 저 멀리 있는 달이 쏙 들어가게 해서 보는 것이다. 그리고 반지를 대지 않은 오른쪽 눈은 감는다. 그렇다면 반지 안에 쏙 들어온 달을 바라볼 때 반지의 크기가 큰 것인가 달의 크기가 큰 것인가? 달이 반지 안에 들어가 있는 것처럼 보이니 반지가 큰 것인가? 아마도 반지가 크다고 대답하는 사람은 없을 것이다. 단지 달보다 내 눈앞에 반지가 가까이 있으므로 커 보이는 것이다. 여기서 말하는 반지는 당장 내 눈앞에 닥친 급한 일들이며, 저 멀리 있는 달은 중요한 일을 의미한다. 우리가 살아감에 있어 급한 일은 아무리 처리해도 계속해서 생기기 마련이지만, 중요한일은 집중해서 의식적 노력을 하지 않으면 평생 못할 수도 있다.

"이 일을 하고 있으니까 저 일은 못 하겠어요. 저 일을 하고 있으니까 이 일은 못 하겠어요."라는 '핑계'를 대기보다 두 마리 토끼를 다 잡을 수 있는 '방법'을 생각해보면 좋을 것이다.

본질적인 나를 아는 것이 무엇보다 중요하니까 내 인생의 전부를 여기에 집중하라는 뜻이 아니다. 내가 해야만 하는 일을 하면서 덜도 말고 더도 말고 일주일 중 하루쯤은 미리 시간을 정해놓고 나를 찾아가는 시간을 가져 보자는 것이다. 내 인생에 있어 중요한 일을 위해 월급의 십일조를 미리 빼듯 먼저 빼놓지 않으면 평생 나를 찾는 것은 경험하지 못할 것이다. 이제는 돛대 없이 바다를 유영하는 배와 같은 삶을 우리는 청산할 때가 됐다.

다만 한 가지 주의해야 할 점이 있다. 눈치챘는지 모르겠지만 나를 알아가는 것에 있어 수식어로 '본질적인'이라는 말을 계속해서 붙인 이유가 있는데, 겉으로 표현되는 나의 모습만 아는 것을 말하고자 하는 것이 아니기 때문이다. 오히려 나에 대한 장단점만을 1차원적으로 알려주는 검사는 사람을 바라볼 때 편협된 시선으로 바라볼 수 있으며 편견을 갖게 만든다. 그리고 이 시선은 나 자신을 바라볼 때도 해당된다. '나는 이런 성격이니까 이런 페르소나(가면)를 갖고 이렇게 행동해야 한다.'라는 강박에 갇혀 더 자신을 잃어버릴 수 있으므로 심리'검사'가 아닌 심리'상담'을 받는 것을 추천한다. 왜 이렇게 표현했는지는 뒤에서 자세히 이야기해볼 것이다.

앞으로 우리는 자신의 현재 나의 모습에 대한 깊은 고찰을 위해 과거로부터 현재를 관통하여 미래까지 전체적으로 볼 것이다. 이렇게 나에 대한 인지와 이해가 되면 다른 사람을 바라보는 관점이 달라질 것이고, 생각과 행동도 분명히 180도 달라질 것이다. 이 말이 공감될 때쯤이면 나와 타인이 느끼는 감정들, 스트레스, 대인관계의 문제 등 우리가 여태껏 평생을 고민하며 해결되지 않았던 문제들이 점차 나아지는 모습을 볼 것이다. 이 모든 것을 해결할 수 있는 시발점은 '나에 대한 인지'로부터 시작된다.

이 과정을 그림 하나로 설명할 수 있다. 혹 〈플라톤의 이데아론〉에 관한 동굴 그림을 본 적이 있는가? 그 그림을 보면 동굴 안에 갇혀 발에 족

쇄를 차고 있는 사람들이 있는데 이 사람들은 불빛에 비친 어떤 모양들의 그림자가 동굴 벽에 드리워진 것을 바라보며 살고 있다. 마치 그 그림자를 실체라고 착각하며 살아가는 것이다. 그러나 그림자는 빛의 각도에 따라 크기와 모양과 생김새가 본래의 실체 모양과는 다른 모습으로 비칠 수 있다.

MBTI와 같은 1차원적인 모습을 자신의 모습이라 생각하는 것은 마치 동굴 벽을 바라보며 불빛에 비친 그림자가 실체라고 믿고 있는 것과 다름이 없다. 한걸음 뒤에서 전체를 바라보는 우리는 그림자만 보면서 본래의 모습이라 생각하는 사람들이 우매해 보이겠지만, 그 모습이 '나' 라고 생각해보면 온몸의 털이 삐죽 서게 된다. 전체적인 모습을 보며 원래의 실체들에 대해 알게 되고 그림자의 실체를 깨달은 사람들은 그림자를 보며 실체와 연결해서 생각해 볼 수 있는 관점이 생기게 되는 것이다.

현재 우리의 성격이라는 것은 자라오면서 많은 영향을 받아 형성이 되며, 그 영향을 가장 많이 받는 3가지는 부모님, 형제자매 관계 혹은 살아가며 만나는 많은 사람들, 그리고 경험한 다사다난한 사건들을 꼽을 수 있다. 한마디로 말해 과거의 상처들을 통해 현재의 성격이 만들어진다는 것이다.

예를 들면 당신이 의심과 경계하는 마음이 크고 사람을 잘 믿지 못하는 성격이라면, 과거로부터 부모님에게 세상에 믿을 사람 하나 없다는 말을 들어오며 자라왔거나, 보증을 함부로 서지 말라는 말을 들으며 자랐을 수 있다. 또는 가장 친한 지인에게 배신당한 경험을 바탕으로 무의식적인 방어기제가 올라와 다시 상처를 받고 싶지 않은 마음에 사람에게 마음을 여는 데 시간이 오래 걸릴 수도 있다.

　나의 성격으로 예시를 들어보자면 항상 내면에 화가 많고, 다른 사람들에게 강한 이미지로 보여야 한다는 강박을 가지고 있다 (MBTI는 ENTJ 성격이다). 어떨 때 화를 내는가를 살펴보면 다른 사람이 나를 깎아내리거나 약한 모습으로 보는 것 같을 때, 또는 내 의견이 받아들여지지 않거나 무시당하면 화를 내는 경향이 있었다. 왜 그런 성격이 되었는지 과거를 돌아보면, 늦둥이 외동아들로서 또래 부모님보다 연세가 많으신 우리 부모님을 바라보며 자라다 보니 일찌감치 어른이 되어 부모님을 책임져야겠다는 생각을 갖고 살아왔기에 내가 무너지면 안될 것 같아서 더 자신에게 채찍질을 했었다. 그리고 학창시절 왕따를 당한 경험이 있어 약해지면 또 배신당할 거라는 생각에 무의식적 방어기제가 올라와 내가 약해진다고 생각 들면 도리어 괜찮다며 화를 내게 되는 것이다. 그래서 이런 나를 인지하기 전에는 다른 사람들이 나를 걱정해주거나 위로해주는 행동이 불편할 때가 있었다. 내가 약해지는 것 같았기 때문이다. 그래서 되려 상대방의 진심을 화로 맞받아쳐 상처를 준 경험도 있었다.

　나의 마음속 상처로 인해 생긴 무의식이 내가 해를 당하거나 통제당하는 것에 대한 두려움을 벗어던지고자 오히려 반대로 다른 사람을 통제하려 하는 행동을 한다거나, 의견이 받아들여지지 않을 때 반항심과 대립관계를 가지며, 지나친 스파크를 드러내는 성격이 된 것이다. 이렇듯 내가 왜 그런 생각과 행동들을 하는지 성격 밑에 숨겨진 무의식 세계의 근간을 알아가는 과정이 나를 이해하는데 절대적으로 필요하다.

삶의 방향을 잃은 청년들의 고독사

코로나19 전염병은 우리의 육체적 건강뿐만 아니라 정신적 건강을 외롭고 피폐하게 만든 주범이기도 하다. 이에 영향을 받은 우리 청년들의 고독사(홀로 사는 사람이 가족이나 이웃 모르게 시름시름 앓다가 죽는 일)하는 사례가 계속해서 증가하고 있다. 이전에는 고독사라는 단어가 연세가 많으신 분들에게 붙여진 단어였으나 이제는 특정 연령층에만 해당하는 것이 아니게 되었다. 한참 미래에 대한 꿈을 꾸고 날개를 펼쳐야 하는 20~30대 청년들이 고독사로 죽는다니 이게 무슨 말인가. 수많은 사례를 보며 통탄하기 그지없다. 앞서 말한 것처럼 나는 나에게 가장 소중했던 사람의 고독사를 눈앞에서 본 사람으로서 온몸이 몸서리쳐진다.

힘든 사람에게 가장 폭력적이고 잔인한 언어가 무엇인지 아는가? "힘

내, 잘될 거야"이다. 그런 근거 없는 희망들이 청년들에겐 더욱더 미래를 암담하게 느끼게 하지 않았을까 생각해본다.

피를 토하는 심정으로 어렵게 공부하고 스펙쌓고 자격증 공부하며 당당하게 취업했던 청년들이 어느덧 코로나로 인해 일자리를 잃는 경우가 적지 않다. 이렇게 다니던 직장에서도 쫓겨나는 마당에 대학교를 졸업하고 처음 사회에 나가 발돋움한 졸업생들에게는 취업이라는 길이 낙타가 바늘구멍에 들어가기보다 어렵게만 느껴진다.

내가 상담하던 청년 중에도 낮에는 공부하고 밤과 새벽에는 아르바이트하며, 부모님께 효도하겠다는 마음 하나로 스스로 생활고를 이겨나가고자 발버둥 치는 학생들도 많이 보았다. 그러나 대출금도 제대로 갚지 못할 현실과 맞닥뜨리고 나면 자존감이 바닥을 치는 게 어쩌면 당연한 미래다. '청춘은 원래 아프고 힘들다'라는 값싼 위로가 이제는 청년들의 마음을 움직일 수 없다는 것은 너무나 자명한 사실이다. 그저 열심히 하는 것은 의미가 없다.

그렇다면 왜 청년들이 인생의 방향을 잃었을까? 어떻게 살아야 하는지 방향을 알려줘야 할까? 나는 아니라고 본다. 더 근본적으로 들어가야 한다.

만약 당신이 자동차를 타고 내비게이션을 보고 있다고 상상해보라. 그 내비게이션에 가장 먼저 나오는 것이 무엇인가? 바로 '현 위치'이다. 현 위치를 알았으니 이제는 주행하며 목적지인 서울을 가고자 한다. 갈림길이 나왔는데 오른쪽으로 가면 목적지인 서울로 가는 길이고, 왼쪽으로 가면 목적지와 정반대 방향인 부산으로 가는 길이다. 그러나 내가 수십 년간 살아왔던 내 생각, 경험, 직감적으로 왼쪽이 맞는 것 같아서 그쪽으로 핸들을 틀었다. 그리고 열심히 액셀을 밟았다. 목적지에 빨리 가고 싶은 마음에 그저 열심히 밟아댔다. 그 결과는 어떠한가? 열심히 밟을수록 더 멀어졌다.

이 결과를 통해 나는 목적지를 찾는 것보다 반드시 선행되어야 한다고 강조하는 2가지가 있다. 첫째는 '현 위치'이며, 둘째는 '방향'이다. 많은 사람들이 내가 도달하고 싶은 목적지를 생각하며 꿈에 부푼 채로 살아간다. 그러나 목적지를 생각하기 이전에 생각해야 할 것이 있으니 방향이다. 내가 왼쪽으로 가야 하는지 오른쪽으로 가야 하는지 그 방향을 알고 열심히 사는 것이 중요하다는 것이다. 그런데 잠깐, 내 현 위치를 모르는데 어느 방향으로 가야 하는지 어떻게 알 수 있단 말인가. 인생의 목적지를 생각하고 이루기 위해 열심히 살아가는 삶을 욕하고자 하는 것이 아니다. 제대로 된 방향을 설정하고 열심히 사는 것이 중요하다는 것이다. 그리고 방향보다 더 서두에 되어야 하는 것은 바로 현 위치에 대해 명확히 아는 것이다. 옆에 의자가 있다면 앉아서 곰곰이 생각해보라. 단 한 번이라도 이제까지 살아오며 내가 어떤 사람인지 '나의 현 위치'를 제대로 알려주는 교육을 받은 기억이 있는가?

나처럼 일반 범인들은 죽을 때까지 실생활에서 쓸 가능성이 없는, 생각 없이 외워버린 피타고라스 정리나 법칙들을 가르치는 교육만 떠오를 것이다 (물론 내가 학창시절에 공부를 안 한 것도 있다). 그러나 확신할 수 있는 것은 이런 정신적 가치를 알려줄 수 있는 교육을 받은 사람은 주변에 많지 않다는 것이다.

이렇게 정신적 교육의 부재를 면밀히 알려주는 결과는 다른 나라와의 중산층 기준을 비교해 봐도 알 수 있다. 먼저 프랑스의 중산층 기준은 이렇다. 1개 이상의 외국어, 즐기는 스포츠, 사회적 분노에 공감. 약자를 돕는 봉사활동 등이 있다. 영국은 페어플레이, 자신의 주장과 신념, 약자를 보호하고 강자에게 대응, 불법과 대응 등이 있다. 미국은 자신의 주장, 사회적 약자 도움, 비평지 정기구독 등이 있다. 그러나 우리나라는 결이 조금 다르다. 부채 없는 30평 아파트, 월 500만 원 이상의 급여, 1억 원 이상 예금 잔고, 2,000cc급 중형차 등이 있다. 우리나라만 물질적인 가치들로 가득 찬 것을 볼 수 있다. 그러니 우리가 인생을 살아가며 원하는 목표를 볼 때 연령대에 상관없이 거의 비슷하게 나타나고, 정신적인 요소는 결핍되어 있어 목표를 이루어도 그 유통기한이 짧아 항상 허무하고 허탈한 삶을 살아가는 것이 아닐까 싶다. 그런 삶은 마치 속이 빈 공갈빵과 같은 모습이며, 미래가 그려지는 매우 비참한 예언 같다.

이 예언이 이루어진 결과를 조금 엿보자면 행복지수 순위를 통해서도 잘 알 수 있다. 비교결과 OECD 국가 37개 중 대한민국은 36위에 머물러 있다. 경제 10위인 대한민국에 비해 행복도는 너무나 낮은 순위에 배치됐다. 더 나아가 자살률에서 부동의 1위라는 성적은 설명하기도 입이 아플 정도다.

사실상 열심히 사는 것으로 따지면 우리나라 사람들을 따라올 나라가 있을까? 버스가 정류장에 도착하기도 전에 미리 나가서 기다리고, 해외여행을 가서도 여유 있게 즐기기보다 더 많은 경험을 위해 새벽부터 늦은 밤까지 일정을 짜며, 자판기의 커피가 나오기도 전에 손을 넣는 사람들이다. 미국의 한 주보다도 작은 우리나라가 IT 강국이 될 수 있었던 이유도 빨리빨리 정신이 있기 때문인 것을 고려하면 과연 전 세계에 우리나라보다 열심히 사는 민족이 얼마나 있을까 싶을 정도다. 해외에서 인터넷을 해본 적이 있는가? 답답해서 없던 병도 생길 것이다.

이런 경쟁이 치열한 사회에서 발버둥 치며 살아남기 위해 열심히 고군분투하는 현대인이 많이 있다. 특히 우리나라 사람들의 평균적인 수면시간을 보면 정말 '열심병'을 달고 사는 나라임이 분명하다.

고등학생의 평균 수면시간이 6시간이 안 되며, 대체로 청년들의 평균 수면시간이 8시간을 한참 못 미치는 결과는 더 '열심 내지 않아서 이렇다'라는 말을 할 수 없게 만든다. 그렇게 인생의 마라톤을 열심히 달려왔는데 멈추고 뒤를 돌아보면 문득 이런 생각이 들 때가 많다.

"왜 이렇게 열심히 뛰었지?", "계속 뛰어서 조금 힘든데 이제는 걷거나 잠깐 쉬면 안 될까?", "지금의 내 모습이 내가 바란 미래였나?"라고 말이다.

치열한 경쟁 사회에서 주변에 있는 사람과 암묵적인 비교를 통해 상대적인 자존감을 만들어온 결과이기도 하다. '나'라는 사람의 본질을 이해한 상태에서 다른 사람을 바라보면 타인에 의해 자존감이 오르내리지 않는다. 그러나 '나'라는 사람의 본질을 잃어버린 상태에서 다른 사람을 바라보면 상대적 박탈감이 느껴지며 허탈함과 허무함이 밀려온다.

인생은 단거리 달리기가 아니다. 장거리 마라톤이기에 자신의 페이스를 유지하지 않고 상대를 따라가려 하다 보면 완주하지 못하게 되는 경우가 생긴다. 나만의 페이스를 유지하는 것조차 사회는 용납하지 않을 거라고 우리를 세뇌해왔지만, 너무 오래도록 뛰어서 숨이 턱 끝까지 찼다면 잠깐 걸어도 된다. 뛰다가 돌부리에 넘어질 수도 있다. 하지만 마음 한편에선 이러다 영영 뛰지 못하는 것은 아닌지, 넘어져서 일어나지 못하는 건 아닌지 두려운 마음이 든다. 다시 말하지만, 인생은 장거리 마라톤이다. 쉼 없이 뛰고 넘어지지 않는 게 중요한 것이 아니다. 일어나 완주하는 것이 가장 중요한 것이다. 오랫동안 인류에게 영향력을 준 성경에서도 의인은 넘어지지 않는 자라 하지 않았다. 넘어져도 일어나는 자라고 했다. 일어나서 나의 꿈을 향해 완주하면 되는 것이다. 그렇게 나의 페이스를 유지하고 남과 비교하는 것이 아닌 나의 길을 갈 수 있는 행복의 길은 오직 나를 온전히 이해하는 것에 달려있다.

이렇게 자신을 이해하고자 하는 자아실현에 대해서는 미국의 심리학자였던 에이브러햄 매슬로가 〈욕구의 5단계〉에 잘 나타냈다. 1단계 욕구인 가장 원초적인 생리적 욕구로부터 안전의 욕구, 애정·소속의 욕구, 존중의 욕구, 그리고 마지막 5단계가 자아실현의 욕구다. 사람은 하위단계의 욕구가 충족되더라도 계속해서 그 다음 상위단계의 욕구를 충족하고자 끊임없이 갈급하고 갈구한다는 것이다.

이것은 사람이 추구하는 '행복의 유통기한'과도 연관이 있다고 본다. 1단계인 생리적 욕구로부터 4단계인 존중의 욕구까지는 행복의 유통기한이 비교적 짧은 편이다. 해당 욕구가 채워지더라도 금세 다시금 더 많은 욕구를 원하기 때문이다. 그러나 마지막 5단계인 자아실현의 욕구를 채우는 것은 그 행복의 유통기한이 굉장히 오래간다. 왜냐하면, 나는 이 자아실현의 욕구를 통해 얻는 것이 인생의 목표가 아닌 목적이라 생각하기 때문이다. 이게 도대체 무슨 말인가? 목표가 아니라 목적이라고?

'목적'과 '목표'는 분명한 차이점이 있다. 목적이란, 최종적인 도달점을 의미한다. 그렇다면 목표는 그 목적을 이루기 위한 하나의 과정이라 볼 수 있다.

예를 들어 여성분들은 항상 연초가 되면 나이대를 불문하고 공통으로 세우는 새해 계획이 있다고 한다. 바로 다이어트다. 내가 1년에 12kg을 빼겠다는 '목적'이 있다면, 12kg을 빼기 위한 과정 즉, 1달에 1kg씩 빼겠다는 '목표'가 세워지게 되는 것이다.

그럼 목적의식이 있는 사람과 없는 사람은 어떠한 차이가 날까? 목적의식이 있는 사람은 최종적인 도달점을 바라보며 나아가기 때문에 스스로 내적 동기부여를 할 수 있으며, 목표가 달성되는 순간 목적에 가까워진다는 생각에 기쁜 마음이 멈추질 않는다. 그리고 목표가 달성되지 못하더라도 목적이 뚜렷하기 때문에 다시 스스로 일어설 힘이 생기는 것이다.

그러나 목적의식이 없는 사람은 목표만 가지고 있으니 스스로 내적 동기부여가 되지 않을뿐더러 목표를 달성해도 잠깐 엔도르핀이 돌 수 있겠으나 그 기쁨이 오래가지 못한다. 또한, 목표가 달성되지 못하면 좌절감을 쉽게 느끼고 포기하게 된다. 그만큼 우리가 살아감에 있어서 목적의식이 굉장히 중요하다고 본다.

우리 인간이 인생을 살아가며 무엇을 성취하거나 이루어도 그 유통기한이 짧음을 느끼고, 항상 공허한 마음을 느끼는 이유는 목적의식이 없이 살아가기 때문이다.

이제는 인생을 뜀박질 하는 데 있어 그저 생각 없이, 목적의식 없이, 향방도 모르고 열심히 내달리기만 하는 행동은 멈추고, 자신을 돌아보는 시간을 갖는 것부터 시작하는 것이 굉장히 중요하다는 것을 거듭 강조한다.

더욱더 심해진 감정 예민화

코로나19가 우리나라 전역을 덮은 2019년 이후로 '코로나 블루', '코로나 레드', '코로나 블랙'이라는 신조어가 탄생했다. '코로나 블루'란, 코로나와 우울감을 상징하는 블루가 합성되면서 무기력증, 우울감을 겪는 것을 의미한다.

우리나라 성인남녀 중 약 50% 이상이 코로나 블루를 경험했다고 이야기했으며, 고립과 외출 자제로 인한 답답함이 가장 큰 이유였다. 외출시에도 혹여나 나도 감염될까 걱정하는 불안감으로 살아가는 사람도 많고, 내 주변에 감염된 사람을 통해 피해를 입을까 염려되는 마음으로 지내기도 한다. 2020년 한 해 동안 우울증 환자가 100만 명을 돌파했던 것만 봐도 지금은 얼마나 심리적 충격을 많이 받으며 살아가고 있는지 알만하다. 그러나 이제껏 우리는 사회생활을 하며 감정을 누르는 것만 연습해 왔을 뿐 조절하는 방법을 한 번도 배워본 적이 없다. 스트레스가 갈수록 쌓이고 날마다 집 안팎으로 심리적 공격을 받을 때, 건강하게 배출하지 못하고 회피성으로 감정을 대하면 스트레스로 인해 생긴 마음의 상처들이 곪기 시작한다. 곪은 상처는 건강한 살로 돌아오기 어려운 것처럼 마음도 마찬가지이다. 그런 감정들을 방치하거나 무의식적으로 참는 것도 건강한 해소법은 아니다. 빙산의 일각이라는 말을 알 것이다. 지금 당장은 누르고 눌러서 눈에 보이지 않는 마음 깊숙한 곳까지 눌렀기에 가시화된 마음 상태에선 괜찮은 것처럼 보이겠지만, 쌓이고 쌓인 것이 밑바닥에서 올라오기 시작하면 걷잡을 수 없게 된다.

사람을 그릇으로 본다면, 100℃ 넘는 펄펄 끓는 물을 담고 뚜껑을 덮어놓은 솥처럼 겉으로는 평온해 보이는 솥의 모양일지라도 뚜껑을 여는 순간 안에서 끓던 물은 순식간에 넘치게 될 것이다. 그리고 그 뜨거운 물은 왈칵 넘쳐 상대를 다치게도 하며, 솥을 따라 흘러 자신을 다치게도 한다. 그렇게 감정이 격양된 상태로 분노의 감정을 느끼는 것이 바로 코로나 레드이다.

'코로나 레드'란, 코로나와 분노를 상징하는 레드가 합성되면서 스트레스가 지속해서 쌓여 분노의 감정이 표출되며, 사소한 일에도 화를 내거나 짜증을 내는 것을 의미한다. 어느 순간부터 우리는 분노조절장애라는 단어를 너무나 쉽게 우스갯소리처럼 이야기한다. 분노의 감정에 장애라는 단어가 붙었다는 것은 그만큼 우리가 감정을 인지하지 못한다는 증거가 되는 것이라고 본다. 이러한 감정은 뇌와도 연관이 있다.

사람의 대뇌의 한 일부분인 전두엽은 기억력과 사고력, 언어기능뿐만 아니라 감정과도 관련이 있는데, 이 전두엽이 고장 난 사례들로 우리가 흔히 아는 ADHD, 사이코패스, 자폐성 장애도 해당된다.

실제로 감정조절에 관한 사례들을 보면 범죄자나 폭력적인 성향을 가지고 있는 대부분의 사람은 뇌에 손상이 있는 경우가 많은데, 특히 전두엽이 많이 손상되어 있다. 상대방의 고통이나 감정에 무감각하며 자신의 감정 또한 컨트롤이 되지 않는 것이다. 그렇다고 우리가 살인자나 범죄자와 같다고 몰아세우는 것은 아니다. 다만 극적인 사례들을 통해서 감정을 인지하는 것이 얼마나 중요한지 알려주고 싶었다.

주변의 작은 스트레스나 사소한 말투, 상대방의 행동 등으로 인해 자주 화가 올라온다면 지금이라도 늦지 않았다. 자신의 감정을 인지하는 것부터 시작해야 한다. 나처럼 화가 많은 내담자를 상담할 때면 항상 듣는 질문이 있다. 화가 주체가 안 되면 어떻게 가라앉혀야 하는지 방법을 알려 달라고 물어본다. 그럼 나는 이렇게 대답한다. 화가 너무 많이 난 상태에서 이 감정을 가라앉히려는 행동은 펄펄 끓는 물을 담은 솥의 뚜껑이 이미 열렸는데 어떻게 뚜껑을 닫고 끓는 물을 식혀야 하냐고 묻는 것과 같다. 초점이 뚜껑을 닫는 것인가? 물을 식히는 것인가? 틀렸다. 이미 끓다 못해 물이 사방으로 튀고 있는 상황에서 뚜껑을 닫으러 가까이 가는 것은 굉장히 위험하고 어려우며, 물이 끓고 있는 100도에서 상온까지 일순간에 떨어뜨리는 것은 더더욱 힘들다. 조금 더 근본적으로 바라봐야 한다. 뚜껑이 열려 뜨거운 물이 튀고 있을 때는 이미 늦었다. 우리가 먼저 집중해야 할 것은 물이 100도까지 올라가지 않게 평소에 관리하는 것이다.

나 또한 분노와 화내는 사람으로 순위를 매기면 둘째 가라면 서러운 사람이었다. MBTI 성격으로 보자면 ENTJ 성향(통솔자)이며, 에니어그램 성격으로 보자면 8번(호랑이)이고, DISC 검사로 보자면 D형(주도형)이다. 그 수치도 만만치 않은 강박형이었다. 무표정으로 신경이 예민해지면 주변에 오로라가 형성되어 다른 사람들이 다가오지 못하는 흔치 않은 '분노쟁이'였다. 이쯤 되면 내가 사회생활을 어떻게 했는지 부끄러울 정도이다. 처음에는 성격인 줄로만 알았던 나의 분노가 내면의 결핍에서 오는 나만의 '방어기제'였다는 것을 눈치채고부터 삶이 완전히 바뀌기 시작했다. 이 분노라는 감정을 평소에 끓지 않게 다스리려면 제일 먼저 그 감정을 '인지'하는 것으로부터 시작되어야 한다. 자세한 방법들은 뒤에서 자세히 다룰 것이다.

하지만 가장 무서운 것은 바로 코로나 블랙이다. '코로나 블랙'이란, 코로나와 좌절, 암담함을 상징하는 블랙이 합성되면서 미래가 캄캄하고 극단적인 선택까지도 생각해볼 수 있는 감정을 느끼게 되는 것을 의미한다. 우울증 환자가 코로나 이후로 더 많아지고 있는 것은 물론이거니와 사실상 훨씬 심각한 것은 통계로 집계되지 않은 사람들이다.

그래도 자신의 마음이 힘들다는 것을 알고 근처 상담센터나 병원까지 연락 및 대면으로 상담받기 위해 이동할 수 있는 분들은 마음의 힘을 주고 나아올 에너지가 조금은 남아있다고 볼 수 있다. 하지만 코로나 블랙까지 올 정도라면 그 정도의 마음의 힘을 주기는 쉽지 않다는 데 있다. "나의 힘든 마음들이 죽으면 없어지지 않을까?"라고까지 생각해볼 수 있기 때문이다. 이러한 감정이 자신을 좀먹지 않게 하기 위해선 몸의 중심을 옮기는 행동을 통한 경험들이 도움이 될 수 있다. 사람은 '사람 인(人)' 한자를 통해 알 수 있는 것처럼 각 개인을 나타내는 하나의 직선이 최소 다른 한 사람의 직선과 서로 기대며 유대관계 중심으로 살아가는 동물이다. 혼자 있는 시간이 길어지고 어느 누구와도 뚜렷한 유대감 없이 홀로 있는 시간이 길어진다면 좋은 감정으로 승화시킬 기회가 그만큼 적다는 것을 의미한다. 상담하는 내담자 중 블랙의 마음으로 갈 가능성이 보이는 분들을 위해선 한 가지 방법을 추천하고는 한다.

물에 흠뻑 젖은 나무는 당연히 불에 잘 타지 않지만, 태울 수 있는 한 가지 방법이 있다면 무엇일까? 간단하다. 물을 증발시킬 뿐만 아니라 완전히 태워버릴 수 있을 정도의 엄청난 큰불 옆에 있으면 된다. 지금의 내 모습이 물에 젖은 나무처럼 스스로 불태울 수 없는 상태라면 엄청난 긍정 에너지를 많이 가지고 있는 사람 옆에 있으면 된다. 그러면 나의 마음을 적셔 가라앉히는 물을 증발시킬 수 있을 뿐만 아니라 더 나아가 불에 탈 수도 있게 될 것이다. 그러니 큰불을 가지고 있는 사람에게 도움을 요청하는 것에 주저하지 않았으면 한다. 그 불을 가지고 있는 사람이 나를 무조건적으로 응원해주는 사랑하는 사람이라면 더 빨리 벗어날 수 있을 것이다. 추가로 전문의사 선생님이나 심리상담사와 대화해보는 것도 적극적으로 추천한다. 도움을 받는다고 하여 편견을 갖는 시선으로 본다거나 내가 불쌍한 존재가 되는 것이 결단코 아니다. 당신은 그저 마라톤을 하던 중 잠깐 주저앉았을 뿐이니까. 잊지 말자. 우리는 넘어지지 않는 것이 중요한 것이 아니라 완주하는 것이 중요한 것이다.

또한, 그렇게 만남을 가지며 자신의 감정이나 상황을 다른 사람에게 이야기하는 게 어렵다는 것을 잘 알고 있다. 그럴 때는 이 한 가지를 기억했으면 한다. 당신의 마음속에 웅크리고 있는 블랙 감정이란 아이는 입 밖으로 꺼내어지는 순간부터 처음으로 위로를 받는 느낌을 받을 것이며, 당신도 그 감정에서 벗어날 수 있다는 증거가 되는 셈이라는 것을 말이다. 다른 방법으로는 사람 간의 소통하는 것에 더불어 작은 움직임이나 뿌듯함을 느낄 수 있는 소소한 움직임도 도움이 될 수 있다. 가벼운 산책이나 운동, 취미를 하는 것도 좋다. 설거지하거나 가벼운 집 안 청소 등도 괜찮으며, 되도록 어두운 곳보다는 햇볕을 받을 수 있는 곳으로 나가는 것도 좋다. 따사로운 햇볕을 받으며 산책하는 행동만으로도 항우울효과가 있는 세로토닌이라는 호르몬이 분비되어 스트레스 등의 부정적인 기분을 물리쳐주기 때문에 억지로 작은 행동을 위해 몸의 중심을 옮기는 것이 마음의 움직임까지도 불러일으킬 수 있다.

비슷한 방법으로 다른 사람에게 친절을 베푸는 행동 1가지를 해보는 것도 효과가 좋다. 모르는 사람이라 할지라도 타인에게 친절을 베풀게 되면 같은 세토로닌 호르몬이 분비되며, 스트레스 호르몬인 코르티솔이 감소한다는 연구결과도 있다. 또 엔도르핀이 생성되기 때문에 불안한 마음을 해소하는 데 매우 효과적이다. 한 달 중에 하루 날을 잡아 시간을 내서 다른 사람을 돕거나 친절을 베풀어 보라. 그러면 마음이 긍정적으로 바뀌는 데 많은 도움이 될 것이다.

혹 말로 하는 것이 몹시 어렵다면 글로 먼저 표현해보는 것도 좋은 방법이다. 사람은 생각보다 자신의 감정을 잘 모를 때가 많기 때문에 표현하는 것이 어려울 수 있기 때문이다. 무슨 감정인지 모르겠지만 일단 기분이 나쁘다, 화가 난다 등으로 전체적인 느낌으로만 인지할 때가 많이 있는데 그럴 때 도움이 되는 것은 감정과 대화를 시도하며 글로 표현해보는 것이다. 자세한 방법들은 챕터2에서 설명하려 한다. 그러니 이제 우리는 더이상 감정이라는 아이를 그저 내버려 두거나 꾹꾹 누르거나 회피하지 말고 따뜻하게 안아줄 수 있는 성숙한 어른이 될 수 있게 조금씩 나를 인지해가는 연습을 하자.

한 가지 덧붙이자면 무기력증과 번아웃에 대해서 이야기해보려 한다. 친구끼리 장난삼아 "오늘은 진짜 하얗게 불태웠다."라는 말을 할 때가 있다. 이것이 바로 번아웃을 의미하는데, 조금의 에너지도 남지 않을 만큼 모든 에너지를 소모했기 때문에 이때는 긴장을 완전히 풀 수 있는 휴식의 시간을 갖는 것이 중요하다. 그러나 무기력증은 보통 우울증과 연관된 증상으로써 움직일 에너지는 남아있지만 어디에 써야 할지 방향을 잃었을 때 느껴진다. 이쯤 되면 앞서 인생의 방향과 목적의식에 관해 이야기했던 것이 생각이 날 것이다. 그렇다! 무기력증을 이겨낼 방법, 잠깐 정도(正道)의 길을 벗어나 오는 무기력증은 방향만 다시 잡고 목적의식을 통해 빠르게 회복할 수 있다. 그리고 가장 중요한 현 위치에 대해 인지해야 하는 점을 우리는 잊어서는 안 된다.

세대 차이가 생기는 1세대와 2세대

어느새 코로나19 이후 우리의 생활방식과 인식은 정말 많이 바뀌었다. 이는 직장이나 학교 등의 조직에도 영향을 많이 미쳤고 문화에도 많은 변화를 야기했다. 이해하기 쉽게 설명하기 위해 코로나19 이전에 더 많은 사회적 입지가 있던 세대를 1세대라 칭하고, 코로나19 이후 바뀐 인식을 가진 사람들을 2세대라고 붙여보았다.

마치 3,500년 전 홍해 바다를 갈랐던 모세의 시대에도 지금과 비슷한 세대차이가 있었다. 이집트에서 나와 목적지인 가나안까지 가는 중에 모진 고생을 겪어왔던 1세대가 있었고, 40년동안 광야 생활 중 태어나 이전 1세대의 고통과 역사를 알지 못했던 2세대가 있었다. 그런 2세대들을 바라보는 1세대들이 느끼는 민답한 마음과, 자신의 경험을 알려주는 1세대를 바라보며 이해 못 하겠다는 표정을 짓는 2세대들 간의 세대 차이가 오늘날에도 비슷하지 않을까 싶다.

이 세대 간의 차이를 보여줄 수 있는 한 가지 대표적인 용어는 바로 'MZ세대'이다. MZ세대란 밀레니얼 세대(Millennial generation)와 Z세대(Z generation)를 통칭하는 말로써 1980년대 초반부터 2000년대 초반까지 출생한 세대를 말한다. 기준은 조금씩 다르나 통상적으로 만18세부터 42세 정도로 보고 있다. 2019년 통계청 기준으로 우리나라 전체 인구의 33.7%를 차지하고 있는 만큼 나라와 기업에서도 집중하고 있는 세대이기도 하다. MZ세대라는 용어가 등장하면서 서로 간의 소속감에 대한 특징을 갖게 되었으나 오히려 세대 차이를 더 극명하게 만들었다는 의견도 많다. 한편으론 MZ세대 안에서도 그렇게 연대감을 느끼지 못하는 것도 사실이다. 그러나 우리가 지켜봐야 하는 부분은 코로나 이후 사람들의 사회적 인식과 문화적 차이가 크게 바뀜에 따라 우리들의 삶의 관점이 많이 달라졌다는 데 있다.

이전만 하더라도 사람들은 TV 보는 행동을 나름의 여유를 즐기며 안락함을 얻기 위한 수단으로 많은 시간을 두고 봤으며, 방송사에서도 시청자들의 채널을 고정시키기 위한 노력들이 있었다. 그러나 이제는 미디어의 시청시간 대부분이 핸드폰을 통한 플랫폼들로 모두 이동이 되었다. 드라마나 영화, 예능이나 다큐멘터리까지도 TV를 통해 보기보다 유튜브나 왓챠, 넷플릭스 등을 통해 보는 경우가 압도적으로 많아졌다. 코로나 19 시대 이후 요즘 초등학생들의 장래희망 3위가 유튜버 또는 크리에이터인 것을 보면 더욱더 현실적으로 실감이 된다.

학생들의 수업과 직장 내 비대면 온라인 과정이 일과 시간 중 일부를 차지하게 됐으며, 집에 있는 시간이 늘어남에 따라 사람들의 관심도도 많이 변화되었다. 가장 화젯거리인 이슈가 금융, 투자, 게임, 요리, 홈트레이닝 등이 있다. 쇼핑도 온라인쇼핑을 이용하는 경우가 증가하고, 배달을 시켜 먹는 경우도 많아져 효율적으로 손가락 몇 번 움직이면 집 앞까지 오는 배송 · 배달 플랫폼들도 주목을 받고 있다. 특히나 건강과 밀접한 관계가 있는 청결에 관심도가 급증가하는 것을 보면 코로나19가 우리 삶에 큰 영향을 미친 것이 자명한 사실이다.

비대면이 당연시되기까지 여러 편의시설에도 영향을 끼쳤는데 '키오스크'를 예시로 볼 수 있겠다. 상대적으로 똑똑한 디지털 물품에 익숙한 세대들은 편해졌을지 모르겠지만, 이 네모난 박스 기계를 다루기 어려워 불편해하시는 분들도 계신다. 나도 가끔 카페 같은 곳을 이용할 때면 우리 부모님과 연세가 비슷한 분들의 어려움을 옆에서 같이 해결해드린 적도 종종 있다. 이토록 고연령층일수록 비대면 업무 처리 방식들에 어려움을 많이 느끼시는 경우가 생각보다 우리 주변에 빈번하게 일어난다.

우리의 일상들에 많은 변화가 있는 동안 직업에 대해 생각하는 관념에도 여러 가지 움직임들이 보인다. 취업준비생인 청년들이 직업을 생각할 때 직업에 대한 미래 비전과 연봉, 안정성, 성공을 위한 과정을 많이 생각했던 이전과는 달리 지금은 연봉보다 직업에 대한 흥미도와 자신의 성격에 맞는 직업과 경험, 그리고 무엇보다 '워라벨(Work life balance)'을 더 중요하게 생각한다. 좋은 직업과 일자리라는 개념이 시대가 바뀌며 달라졌다.

그뿐만이 아니다. 직장 내에서도 '꼰대 문화'라는 말이 유행하며 세대 간의 차이는 더 극명하게 벌어지고 있다. 일명 '라떼는 말이야'라는 세대 차이의 대표적인 신조어가 나오게 되었는데 그 꼰대 분별 리스트를 보게 되면 나도 누군가에겐 뒤에서 꼰대라고 되새김질 당하고 있을지도 모르겠다는 생각을 해볼 수 있다. 아래 정리해봤으니 보고 마음의 찔림이 되는 부분이 있다면 체크해보길 바란다.

'나는 꼰대인가?' 꼰대 분별 리스트

1. 나보다 늦게 출근하거나 일찍 퇴근하려 하는 사람을 보면 화가 난다.

2. 해야 할 일을 마무리하지 못했다면 야근은 관례라고 생각한다.

3. 나도 업무 중 핸드폰을 하는 경우가 있지만, 옆에 있는 직원들이 핸드폰을 하는 모습을 보면 괜히 말 걸고 싶은 충동이 생긴다.

4. 주말에도 업무와 관련된 연락을 할 때가 있다.

5. 같이 식사할 때 막내가 수저를 세팅하지 않으면 한마디 한다.

6. 내가 해도 될 일이지만 성장해야 하는 후배직원에게 퇴근 전에 맡긴다.

7. 직원의 복장이나 머리 스타일이 마음에 들지 않으면 꼭 한소리 해야 직성이 풀린다.

8. 술자리를 참석해야 하는 것은 친목의 과정으로써 당연하며, 일을 잘 해가기 위한 소통이라 생각한다.

9. 회사 단톡방에서 상사가 이야기할 때 대답을 하지 않고 읽씹(읽고 답하지않는 상황)하는 것은 예의가 아니다.

10. 내가 하는 말은 상사로서 인생 조언이며 잔소리가 아니다.

11. 후배직원이 힘들다고 할 때 그 이유를 들으면서 '에이~ 그정도쯤이야 뭐~' 라는 생각이 든다.

몇 가지나 공감이 되는가? 물론 다수 공감되더라도 "나는 꼰대가 아닌데?"라고 말할지 모르겠다. 그러나 술에 취한 사람은 자신이 안 취했다고 이야기하며, 돌아이는 자신이 정상인이라고 이야기하는 것처럼 사람은 자신에 대한 평가를 관대하게 하는 편이라는 것을 생각해야 한다. 이런 상황을 전문적인 용어로 '내로남불 (내가 하면 로맨스고 남이 하면 불륜이다)'이라고 한다.

이런 세대 간의 소통을 원활하게 하고자 기존에 생각해왔던 상하 관계의 일반적인 직급들을 파괴하는 파격적인 문화를 도입하는 기업들도 있다. 우리가 생각하는 일반적인 직급이란, 인턴-사원-대리-과장-차장-부장 형식의 조직구성을 의미한다. 이런 문화를 변화시킴으로써 나타나는 여러 가지 좋은 점과 나쁜 점이 있지만 이런 점들을 왈가왈부하기보다 여기서는 세대 간의 소통에 초점을 맞춰서 생각해보자. 조금은 고리타분하게까지 느껴지는 전통적인 상하직급 사이에서 말을 낮추어 부르거나 "OO 씨"라고 부르는 문화가 사라지고 있고, 이제는 "OO 님"이라는 존칭을 써서 부르며 관계가 유연해지고 있다. 여러 직급이 하나로 통합되는 만큼 프로젝트를 진행할 때 한시적인 팀을 구성하여 운영하는 곳도 있다. 물론 단기간에 모든 것이 혁신적으로 바뀌는 것을 바라는 것은 욕심이겠지만 상대적인 1세대도 2세대와 소통하기 위해 정말 큰 노력을 하고 있다는 것을 이런 변화점들을 통해 엿볼 수 있다.

반대로 2세대 입장에서도 어느 조직에 속하게 되더라도 우리 1세대를 이해하려고 하는 태도도 필요하지 않을까?

특히나 2021년 기준으로 우리나라에서 가장 연령층이 두꺼운 층은 40~50대이다. 무려 32.5%의 비중을 차지하고 있는데, 대부분 오래된 기업들의 근무자 연령대를 보면 이 데이터가 조금 더 와닿을 수 있다. 지금으로부터 10년 전과 비교해볼 때 기대수명이 점차 올라가고 있는 시점에서 정년퇴직 연령이 55세에서 60세로 늘었다. 그러나 경제활동을 하지 않는 실질적인 은퇴 나이가 72.3세로 OECD 국가 중에서 1위를 차지하고 있다. 즉 고령층에 속하게 되더라도 계속해서 일한다는 것이다. 그 누구보다 정말 열심히 살아온 우리 부모님의 삶을 대변하는 숫자를 보는 것 같다. 회사에서 우리가 함께 일하는 옆에 계신 분들의 연령대를 생각해보자.

이 부분이 나에게 와닿는 이유는 우리 부모님의 연세가 70대 중반이신데, 6·25전쟁 피난길을 겪으신 분들이셔서 요즘 단어로 '옛날 분들'의 면모를 많이 가지고 계시는 모습을 보며 자랐기 때문이다. '열심히 살며 노력하는 삶에 배신은 없으며 반드시 돌아온다.'라는 강한 정신력을 보여주셨으며, 아프신 와중에도 쉴 새 없이 움직이시는 모습을 보며 살아오신 노정들을 조금은 상상해볼 수 있었다.

내가 말하고자 하는 것은 우리 1세대와 2세대가 서로 간의 세대 차이를 극복하기 위한 끊임없는 노력과 문화들이 계속해서 있어진다면 소통의 부재를 해결하고 건강한 대한민국의 사회가 되지 않을까 해서 이 부분을 이야기하고 싶었다.

시대가 바뀐 만큼 2세대는 상대적으로 내면에 대한 투자나 자기계발, 마음과 영혼을 다루는 방법, 자녀를 양육하는 방법 등을 TV나 여러 매개체를 통해서 보고 배울 기회가 많아졌다. 얼마나 좋은가? 자신이 직접 느끼는 심리적인 요소와 대인관계에 대한 문제들을 다루는 프로그램들이 많아졌고 그 이유와 근거를 이해하기 쉽게 설명까지 해준다. 그러나 1세대는 이런 정신적인 가치를 배울 기회가 상대적으로 적은 환경이었다. 아니 없다고 하는 게 맞을지도 모르겠다. 특히나 20~30대 청년들을 내면 아이 상담을 할 때면 부모님에 대한 상처가 안 나오는 청년들이 거의 없다. 내면 아이란, 인간의 무의식 속에서 어린 시절 겪었던 상처나 아픔 등으로 인해 그 당시 아이의 모습이 내면의 상처로 마음 한편에 자리 잡은 것을 의미한다. 우리의 육체는 나이를 먹고 싶지 않아도 먹어지지만, 우리의 마음과 내면은 그렇지 않다. 나는 충분한 상담이 이루어지게 되면 끝에 항상 이런 말을 꼭 한다. 그렇게 자신에게 상처를 준 부모님에 대해서 생각하며 내면아이 상담을 함께 진행했지만, 그렇다고 해서 부모님을 완전히 이해하고 용서하는 마음을 갖는 것은 어려울 수 있다. 나 또한 그 상처의 원인으로 생각하는 부모님을 다 이해해드리자는 넓은 아량의 의미로 이야기하는 것은 아니지만, 어쩌면 우리 부모님도 부모님의 부모님에게 받은 내면의 상처들이 있을 것이다. 적어도 우리 부모님이 살던 세대는 지금 세대보다 더 마음을 돌아볼 여유가 없으셨을 것은 분명하기에 내면 아이가 있다면 우리보다 부모님이 더 많을 수 있다는 점을 한 번쯤은 생각해보는 것도 서로 이해해 갈 수 있는 길이지 않을까? 라고 말이다. 나도 당신도 이번 생이 처음이라 모든 것이 나이 들어감에 따라 사회가 원하는 좋은 모양으로 갖추어가기 위해 노력하고 내 것으로 만들어가는 것처럼, 1세대도 이번 생이 처음이며 시대적인 상처가 더 많을 것을 고려해보면 누가 더 상처의 골이 깊을까 예상해볼 수 있기 때문이다. 그러니 우리는 자신에 대한 인지와 이해에 더불어 상대에 대한 이해도 해가는 것이 절실하게 필요한 때를 맞이하였다고도 볼 수 있을 것이다.

제2장
나다움의 출발점 '인지'

'나'라는 사람을 연기하고 있다면
언젠가 그 연극은 끝난다

당신은 "가면을 쓴다."라는 말을 들으면 무슨 느낌이 드는가? 대부분 "뭐, 그럴 수 있지. 우리는 모두 가면을 쓰면서 살아가지 않나?"라는 통상적인 대답을 할 것이다. 내가 코로나19 이전에 심리상담을 할 때는 페르소나, 즉 가면을 의미하는 말을 내담자께서 들으면 충격을 받거나 무의식적으로 몸이 말린 오징어처럼 굽어지고, 무언가 들킨 것처럼 발가벗겨진 느낌을 받는다는 말을 하는 사람들이 많았다. 그런데 코로나19 이후에 심리상담을 할 때의 반응은 페르소나와 가면이라는 단어에 크게 개의치 않고 일반적이라는 인식을 가진 사람들이 많아졌음을 느낀다.

이 현상을 잘 나타내는 예시가 코로나19 이후로 유행했던 열풍 중의 하나인 '부캐 열풍'이다. 그리고 그 부캐가 하나가 아닌 여러 개를 가지고 있는 사람에게 '멀티 페르소나'라는 수식어가 자랑스럽게 붙는다. 여기서 말하는 부캐란, 부 캐릭터를 의미하며 본캐(본래 캐릭터)와 구별되는 단어이다. 일상으로부터의 해방역할을 할 뿐만 아니라 자신의 또 다른 재능을 살려서 하는 것에 긍정적인 시각으로 바라보게 된다. 유명 연예인들의 부캐가 화제가 되면서 유행이 더해져 가며 전 국민의 가면 쇼가 펼쳐진 것만 같다.

코로나19의 유행 이후 더욱더 사회와 현실이 불안정하고 미래가 그려지지 않는 상황에 부닥쳐지게 되다 보니 하나의 전문직업을 가지고 있으면서도 'N 잡러'라는 타이틀을 통해 퇴근 후나 주말에 다른 일들을 병행하는 사람들도 덩달아 증가하였다. 본 직업 외에 멋진 유튜버, 작가, 노하우 공유 강사 등 다양한 부캐까지 가지고 있는 사람들을 보면 정말 멋지고 열심히 살아가는 대한민국의 대표적인 사례들을 보는 것 같아 보는 내가 다 자랑스러울 때가 있다. 그러나 한편으로는 이 페르소나로 인해 있어지는 후폭풍을 걱정하지 않을 수가 없다. 대표적으로 페르소나를 쓰는 것이 직업인 연예인을 먼저 보자면 가끔 공황장애나 자존감 하락 및 우울증, 정체성 혼란이 와서 중간에 프로그램을 하차하거나 정신적 안정을 취하는 기간을 갖는 경우를 종종 볼 수 있다. 사람은 누구나 어느 정도의 페르소나(가면)를 쓰고 살아가지만, 그것이 반복되게 되고, 점점 내 본모습보다 가면이 더 커지며 몰입을 하다 보면 이런 상황이 생길 수 있다. 꼭 선행되어야 한다고 생각하는 것은 본캐를 온전히 이해한 상태에서 부캐를 만드는 것이 더욱더 건강한 모습으로 살아갈 수 있다는 것이다. 특히나 나의 본모습과 가면을 쓴 모습의 격차 차이가 크면 클수록 회의감이 들 가능성도 더 크다. 또 나의 모든 욕구를 누르면서 사는 사람도 비슷한 결과가 일어나는 경우가 있다.

　이전에 30대 초반의 간호조무사 일을 하시는 여성분을 상담한 적이 있었는데, 집안에서 맏이 역할을 하며 여동생들에게 있어 제2의 엄마처럼 돌보며 항상 희생하는 삶을 살아왔었다. 부모님께 어렸을 때부터 듣는 말은 항상 "네가 맏이니까 양보해"였다고 한다. 30년 넘게 살아오면서 여러 집안일과 동생들 뒷바라지를 도맡아 하다 보니 한 번도 자신이 원하는 것과 좋아하는 것을 주장해본 적이 없다고 했다. 가면을 쓰며 "나는 괜찮아"가 입에 습관처럼 배어 있었다. 사실 본심은 그렇지 않은데 말이다. 한참을 듣고 나는 이야기하였다. "나는 나 하나만 책임지면 되지만 동생들까지 책임져야 하는 수진이는 나보다 훨씬 더 힘들었을 것 같아. 수진이는 충분히 좋은 사람이고, 너라는 사람 그 자체만으로도 충분히 사랑받을만한 가치가 있는 사람이니까 이 시간만큼은 괜찮다고 말하지 않아도 돼. 웃는 모습과 예의 바른 모습만 수진이의 모습이 아니라 슬퍼하는 모습, 실수하는 모습, 힘들 때 어리광도 부리며 약한 모습을 보이는 모든 모습도 너니까. 자신이 얼마나 소중하고 아름다운 사람인지 스스로 안아주고 사랑해주는 시간을 가졌으면 좋겠어"라고 말이다. 그동안 밖에서도 가면을 쓰며 온종일 사람들과 부딪혔을 텐데, 사랑하는 가족 앞에서조차 자신의 본모습이 아닌 가면을 써야 하는 삶이라면 그 감정의 무게는 감히 내가 상상할 수 있을 정도가 아닐 것으로 생각했기 때문에 그렇게 이야기한 것이었다. 그렇게 두 사람은 두 눈이 충혈된 채로 본질적인 자신의 모습을 찾는 상담을 했었다.

나는 가면을 쓰는 모습 자체를 문제 삼는 것이 아니다. 심리 강사인 나조차 어느 정도의 가면을 쓰면서 살아가니까. 그러나 핵심은 본캐 없이 부캐들만 늘어나면 진짜 내 모습을 잃어버릴 것이며, 어느 순간 나는 어떤 사람인지 완전히 잊고 공허감과 회의감이 몰려올 것이다. 그리고 주변에 "내가 어떤 사람인 것 같아?"라고 물으며 정답을 찾아 헤매는 삶을 살게 될 것이다. 언제부턴가 거울에 비친 내 모습을 보면서 내 모습이 맞는지 물어보는 세상이 되어버린 것이 안타까울 뿐이다. '나'라는 사람 그 자체가 되어야지 '나'라는 사람을 연기해서는 안 된다. 그 연극은 언젠간 끝날 것이기 때문이다.

특히나 앞서 살펴본 MBTI를 통해 '이 성격은 곧 나다'라는 이퀄관계(=)로 생각하는 인식이 가장 위험하다고 본다. 그 이유는 편협된 시선의 틀로 나와 타인을 바라볼 가능성이 크기 때문이다. 드러나는 나의 성격의 장단점은 '나의 본모습'이라 할 수 있는가? 틀렸다. '성격=나'라고 생각하는 순간 더 큰 딜레마에 빠지게 된다. 나는 누구인가 궁금해서 혼자 처음으로 심리검사를 할 때는 드러나는 장단점들을 보며 공감을 많이 할 것이다. 그런데 성격유형 검사를 맹신하는 순간 오히려 그 사고의 틀에 갇혀버리게 된다. 하나씩 보자.

나를 예로 들자면 MBTI 성격검사결과 중 ENTJ 성향으로 결과가 나오는데 외향형(E)이 88%이고 내향형(I)이 12%이다. 누가 봐도 외향형(E)의 성향으로 비치지만 내향형(I)이 아예 없는 것이 아니다. 신기하게도 강사 일을 하고 있는 나도 내향형인 모습을 보일 때가 있다. 평소엔 심장이 사정없이 날뛸 수 있는 음악을 좋아하고, 술을 안 먹어도 먹은 것 같은 텐

션이 대부분이지만, 혼자 조용히 있고 싶을 때도 있고, 낯선 환경에 갔을 때 문제가 발생했는데도 잘 물어보지 못하고 주눅 들어 하는 행동이 나오기도 한다. 가끔은 모임을 주관하기보다 적절한 반응만 할 때도 있다. 다시 말해 외향형(E)으로 비치는 경우가 많지만, 내향형(I)이 0%가 아니라는 점을 간과해선 안 된다. 두 번째로 직관형(N)이 63%이며 감각형(S)이 37%이다. 자유분방한 사고방식을 통해 나의 삶에 대한 목적을 설정하고 그것을 대입하며 멋진 미래의 측면을 생각한다. 그러나 금전적인 부분이나 가족과 연관이 되면 지나치게 현실주의자가 되기도 한다. 세 번째로 사고형(T)이 60%이며 감정형(F)이 40%이다. 원리원칙에 따라 객관적인 사실을 바탕으로 옳고 그름을 이분법적 사고로 판별할 때도 많지만, 내가 아끼는 내 사람들과의 대화에선 감정형의 모습이 많이 나오며 풍경이나 분위기 또는 드라마 등을 보면서도 순간적인 감정이입이 훌륭하여 심미안이 높다는 평을 받기도 했다. 심지어 눈물도 많아서 드라마나 영화를 보며 우는 모습을 보여줄 때면 지인들이 놀랄 때도 더러 있었다. 아마 '저런 냉혈한이?'라고 생각을 한 것 같다. 네 번째로 판단형(J)이 72%이며 인식형(P)은 28%이다. 굉장히 계획적이며 데일리플랜과 데일리리포트를 철저하게 쓰면서 의도치 않은 시간이 비어 10분 정도 남으면 그냥 흘러가게 두지 않고 그 시간 동안 할 수 있는 일이 뭐가 있을까 리스트를 점검하고 시행한다. 데이트를 할 때나 여행을 갈 때는 플랜A, B, C를 짜고 상대방이 늦을 것까지 시간을 계산해서 루트를 짜는 편이다. 그렇게 계획적이다 보니 갑작스러운 일정 변화들에 극심한 스트레스를 종종 겪는다(사실 자주 겪는다). 그러나 가끔 내가 약속 시각을 늦으면 느굿하고 여유로운 마음으로 "그럴 수도 있지"라며 놓기도 하고, 때로는 즉흥적으로 계획과 장소를 변경해가며 움직이기도 한다. 지금 생각해보면 성격 문제가 아니라 인성 문제로 볼 수도 있을 것 같다.

이쯤 돼서 다시 한번 질문해 해보고자 한다. 드러나는 성격은 나의 본 모습이라 할 수 있는가? '나는 누구인가'라는 근본적인 질문으로 시작한 성격유형 검사를 해보는 시도는 굉장히 좋은 행동이다. 그러나 '성격이 곧 나'라고 틀을 고정하는 순간 나 자신도 타인도 그 자체로 보기 힘들어진다. 친구나 연인, 가족처럼 친한 관계일수록 더더욱 이런 사고방식은 조심해야 한다. 왜냐하면, 서로에 대한 친분도가 높을수록 더 자연스러운 모습들을 볼 가능성이 크기 때문이다. 그런 모습을 보며 하는 틀에 박힌 말 한마디 한마디가 상대방에게 상처를 줄 수 있으며, 요즘 용어로 '가스 라이팅'이 되기도 한다. 오히려 사람에 대한 편견이 더 생길 수 있다는 것을 의미한다.

만약 그렇게 잘못된 정체성을 갖게 되면 무슨 일이 일어날 수 있는가? 어느 순간 내가 성격검사를 했던 목적과는 정반대의 상황에 놓이게 된다. 처음에는 내가 어떤 사람인지 궁금함을 해소하고자 시작했던 검사가 나중에는 '나는 그런 사람이니까 그렇게 보여야 한다'는 생각으로 바뀌게 될 수 있다. 나 또한 심리상담을 수없이 많이 진행하면서 검사를 하다 보니 검사 문항이 어떤 성격의 문제인지 꿰뚫고 있다. 그래서 지금은 심리검사를 쉽사리 하지 못한다. 왜냐하면 "나는 이런 성격이니까 이 문항에선 아주 그렇다를 체크해야지"라고 생각을 하게 됐기 때문이다. 나뿐만이 아니라 검사를 하는 내담자께도 항상 끝나고 하는 말이 있다. 내가 어떤 생각과 행동을 하는지 현재의 성격에 대해 알아봤을 뿐이며 이 모습은 당신의 본질적인 모습이 아니고 20% 정도만 알아본 것이라는 것을 두 번 세 번 강조해서라도 눌러서 이야기한다. 물론 성격 중 선천적으로 타고난 성격(기질의 영향)도 있지만, 후천적으로 환경에 의해 만들어지는 경우가 더 많다. 이 사고의 틀에 갇히기 쉬운 것은 애석하게도 우리가 말과 생각의 영향력을 많이 받는 '사람'이기 때문이다.

이 가짜 정체성이 얼마나 위험한가 하면 사람에게 '하는 행동'으로 명시한 것과, '정체성'으로 명시한 것을 비교해보면 알 수 있다. 만약 누군가 "환경을 보호하는 게 중요합니다."라고 행동을 독려하며 외친다면 고개를 한번 끄덕하고 1km 안 되는 거리를 자전거 타기보다 자동차를 몰고 갈 것이다. 그러나 "당신은 오늘부터 환경운동가입니다."라는 배지를 달게 되는 순간 정체성이 부여되고 그렇게 보이기 위해 자전거를 탈 가능성이 크다. "채식하는 것이 건강을 위해 중요합니다."라고 하는 것보다 "나는 채식주의자입니다."라고 말한 뒤로부턴 이전보다 더 절제하며 익숙해져 육식을 잘 안 먹게 되는 자신을 발견하게 될 것이다. 사람은 자신에게 '입혀진 옷'에 걸맞은 사람처럼 행동하려 하는 경향이 있다. 이렇게 정체성을 부여하는 것이 얼마나 영향이 큰지 알아봤다면, 왜 표면적인 성격 하나만으로 나 또는 타인이라는 사람을 함부로 판단하면 안 되는지 이해할 것이다. 그래서 심리 '검사'가 아니라 심리 '상담'을 받는 것을 추천하는 바이다. 요즘에는 인터넷에도 유행에 따라 많은 결과 내용이 나와 있지만, 그것에 경중을 무겁게 두는 것은 매몰된 사고에 빠져 위험할 수 있기에 반드시 전문가를 통한 상담을 받아 자신에 대해 입체적으로 이해하는 것이 중요하다는 것을 이제는 이해하리라 본다. 검사 결과만으로 함부로 판단하는 행위는 마치 사람을 볼 때 2차원적 평면의 모양으로 보는 것과 같다. 그런 단편적인 모습 하나만으로 사람을 대하는 것은 옳지 않다. 하지만 전문가를 통한 상담 과정은 3차원의 입체로 볼 수 있게 도와주기 때문에 훨씬 이해하는 데 도움이 된다. 그 과정을 통해 보이는 것이 전부가 아닌 이면적인 부분들을 볼 수 있는 눈이 하나씩 생기기 시작할 것이다. 그러면 내 가족과 지인뿐만 아니라 직장 및 여러 인간관계에서 사람을 볼 때 어느 하나의 말과 행동만으로 그 사람을 판단하고 바라보는 것이 아니라, 그 사람 자체를 볼 수 있게 될 것이다.

삶의 목적지보다 중요한 "현 위치 & 방향"

우리는 인생을 살아가면서 많은 목표를 세우면서 살아간다. 챕터1에서 살펴봤던 것처럼 '목적'과 '목표'는 분명한 차이가 있는데 사람마다 목표는 다를 것이다. 돈을 많이 버는 것이 될 수도 있고, 명예를 얻는 것이 될 수도 있으며, 사랑하는 사람과 결혼하는 것이 될 수도 있다. 이런 것들을 목표라고 말하는 이유는 우리 인생의 최종적 도달점인 목적이 될 수 없기 때문이다. 다 이루었다고 해서 더 이상 원하는 것이 없는 상태가 될 수 있을까? 다르게 질문해보면, '당신은 꿈(목적)이 무엇인가?'로 바꿀 수 있는데 대부분은 직업으로 대답할 수도 있고 돈 많은 건물주라고 대답할 수도 있을 것이다 (요즘엔 온라인 건물주라고 대답하는 사람도 있다). 다시 말해 꿈과 목적은 같은 것인데 목표로 착각하여 대답하기에 구분하기 위해서 우리가 흔히 말하는 대답들을 적은 것이다.

나는 내 경험들을 바탕으로 인생의 목적을 이렇게 정의한다. 돈, 명예, 인정, 사랑, 헌신, 효도 어떤 목표가 되더라도 근본적으로 그 목표들을 이루어 결국 도달하고자 하는 최종적인 목적은 '자아완성에 도달하는 행복'이 아닌가 싶다. 내가 누군지 본질적으로 알아가는 자아실현이 인생에서 행복의 서막이라면, 그 끝에 오는 자아완성은 행복의 매듭이라고 볼 수 있다. 그럼 이제 열심히 달음박질하기 전에 내가 가는 길이 맞는지 확인하는 작업이 필요할 것이다. 가고자 하는 목적지는 동그라미 모양의 구멍인데 현재 나의 모습이 네모모양이라면 억지로 구멍에 넣으려 할수록 고통스럽고 힘들 것이다. 그 동그라미 모양에 쏘옥 들어가기 위해선 각진 모양인 나를 깎는 과정이 필요하지 않겠는가. 그래서 무엇보다 본질적인 나의 현 위치를 아는 것이 가장 먼저 필요하다는 것은 누차 이야기해서 귀에 딱지가 앉았으리라 생각한다.

정리하자면 나의 현 위치를 명확히 아는 것은 단순히 드러나는 성격의 장단점만을 아는 것이 아니다. 내가 왜 그렇게 됐는지를 근본적으로 이해하고 앞으로 이대로 살아갈 때 미래에 어떤 문제들이 일어날지 과거부터 연결된 현재, 그리고 현재에 이어 미래까지 예상해볼 수 있는 통찰력 있는 눈이 생기는 것이 바로 나의 현 위치를 아는 것이다.

그럼 나의 현 위치를 알았다면 어떤 것이 나의 인생에 맞는 방향인지 어떻게 알 수 있는가? 목적지는 이미 알고 있다. 우리가 원하는 목적지 '자아완성에 도달하는 행복'을 위해서 내가 누구인지 자아실현을 했다면 자아완성까지 성장해가는 과정이 필요할 것이다.

그럼 꾸준히 자아실현 하며 '자아정체성을 정립'한 것이 현위치를 알게 된 것인데, 그 후에는 이제 정립한 자아를 성장해가는 것이 자아완성까지 갈 수 있는 '방향'이라고 볼 수 있다. 그럼 도대체 어떻게 해야 성장할 수 있는지가 궁금할 것이다. 답을 먼저 말하자면 '자아정체성 확장'이다. 자아정체성을 정립하고 확장하여 완성까지 갈 수 있다.

자아정체성이란, 스스로 생각하는 확신에 찬 자기 자신의 모습을 의미하며, 다른 가치관이나 외부상황에 의해 흔들리지 않는 내 '자아의 닻'과 같은 것이다. 닻이 파도에도 배가 흔들리지 않고 멈추어 있을 수 있게 물 밑의 바닥으로 내려 견고하게 고정해주듯이 내 자아에 대한 확고함을 드러낸다. 현 위치를 알아가며 자아정체성을 정립했다면 이제는 확장할 차례이다. 그렇게 확장할 수 있는 방법은 2가지가 있다.

첫째, 나의 고정된 미래관을 넓혀라. 우리가 어렸을 때 자주 받는 질문이 있다. "너는 커서 뭐가 될 거야?" 그럼 아이들은 무엇이라 대답할까? 경찰, 변호사, 의사, 선생님 등등의 직업으로 나열이 된다. 어린아이들만 그럴 것으로 생각하는가. 청년들에게도 미래에 대한 꿈을 물어보면 무엇이라 대답할까? 대부분 하나의 고정된 직업이나 또는 단어로 나오기 일쑤다. 물론 요즘 같은 힘든 시기에는 꿈을 버린 지 오래라고 대답하는 안타까운 학생들도 많이 봤다. 그러나 핵심은 이렇게 틀에 박힌 말로는 미래관을 넓힐 수 없다는 데 있다.

유대인들을 예시로 보면, 이들은 전 세계 인구의 0.2%밖에 되지 않는 인구이지만 전 세계 부의 많은 비중을 차지하고 있고, 역대 노벨상 수상자 중 유대인의 비율이 무려 약 25% 정도나 되는 것을 알 것이다. 우리가 아는 유명한 대기업들의 오너들도 알고 보니 유대인일 때가 많다. 그렇게 뛰어난 유대인들이 어렸을 때부터 가지는 미래관을 성인식 문화를 통해 살펴보자.

먼저 우리나라의 성인식 문화는 만19세가 되면 성인임을 인정받는 많은 선물을 받는다. 20살을 축하해주는 20송이의 장미, 향기롭게 사회생활 출발하라는 의미의 향수, 책임감 있는 사랑을 하라는 키스 등을 선물한다. 하지만 유대인들은 다르다. 그들의 나이로 13살이 되었을 때 많은 사람 앞에서 발표하는 것이 성인식이다. 무엇을 발표하는가 하면 '내가 누구인가?'라는 정체성에 관해 이야기하고, '왜 공부하는지, 공부해서 무엇을 하려 하는지' 자신의 신념과 살아가는 인생의 목적을 글로 적어 당당하게 전한다. 13살이면 우리나라 나이로 초등학교 6학년이다. 그렇게 발표 후 사회 봉사활동을 위해 사회적 약자나 고령층을 위한 활동도 필수로 하며 이웃과 사회에 대해 공동체를 배우고 훈련한다. 그들이 자신의 인생 목적을 우리처럼 직업이나 단어로 이야기할 거로 생각한다면 크나큰 오산이다. 유대인들은 "사회복지사가 되겠습니다."라고 말하지 않고, "나는 사회적인 사람이며 헌신할 때 행복을 느끼는 사람이기에 내가 먼저 바로 서고 다른 사람들에게 선한 영향력을 끼칠 수 있는 봉사자가 되겠습니다."라는 식으로 발표를 한다. 사회적이고 헌신적이며 선한 영향력을 끼칠 수 있는 일은 사회복지사가 아니더라도 다른 직업이나 일들을 통하여서도 충분히 충족될 수 있는 방향이다.

"저는 선생님이 될 것입니다."가 아니라 "저는 이해하는 능력이 뛰어나며 그것을 쉽게 설명할 수 있는 능력이 있어 다른 사람에게 쉽게 가르쳐

줄 수 있는 가치관을 실행할 수 있는 사람이 되겠습니다." 정도가 되는 것이다. 차이가 보이는가? 이렇게 자신의 미래관을 고정하지 말고 넓혀가는 연습이 우리에게도 필요하다. 그럴 때 자아정체성이 확장될 수 있다.

둘째, 인문학을 통해 나의 지각을 넓혀라. '지각'이라는 단어를 한자 풀이하면 '알 지+깨달을 각'이다. 아는 것을 바탕으로 깨닫는 과정까지 가는 것을 지각이라 한다. 그저 아는 지식과는 완전히 다른 개념이다. 즉, 나를 포함한 '사람'에 대한 이해도를 넓혀가 깨달아가는 과정이다. 쉽게 말해 인문학은 사람이 사람을 연구한 학문이다. '나'로 국한되어 생각하지 않고 '사람'이라는 영역으로 확장하는 것이다. 이 사람에 관한 연구 학문인 인문학의 중요성은 이미 전 세계가 알고 있다. 구글만 보더라도 2011년도 6,000명의 직원을 채용하던 중 5,000명을 인문학 전공자를 뽑은 것을 기사로 봤을 것이다. 인문학적 소양이 잘 반영된 것이 구글 홈페이지만 봐도 알만하다. 여느 검색엔진 홈페이지들보다 사람을 위한 번잡스럽지 않은 깔끔한 홈페이지가 눈을 참 편하게 해준다. 우리의 상상력을 많이 자극해주었던 픽사도 사내교육 기관인 픽사 대학을 만들고 글쓰기와 철학 문학 등을 주 4시간씩 교육을 한다. 인텔은 반도체회사이면서도 100명의 인문학자로 구성된 인텔랩이 존재한다. 애플의 아이폰 탄생도 인문학과 기술의 결합이라고 표현한 적이 있다. 결국, 기계나 영화나 어떠한 것을 만들더라도 사람이 만들며, 또한 사람을 위해서 만들어지기 때문이다.

우리나라도 인문학의 중요성이 알려지면서 많은 기업과 리더들이 인문학에 관심을 두게 되었고, 이제는 평범한 우리도 집에 읽지 않더라도 인문학 서적이 1~2권 정도는 있을 정도다. 인문학에 관심을 두는 것은 기쁜 마음으로 박수 쳐줄 만하다. 그러나 사회적 분위기와 주변 사람들의 권유로 인해 아무 생각 없이 인문학을 접하고 알아가는 것은 의미가 없다. 내가 왜 사람에 대해 이해를 하려고 하는지를 명확히 하면 확실하게 온몸으로 체험하듯 깨달아갈 수 있다. 따라서 그렇게 현재 자신의 자아정체성을 정립하고, 올바른 방향으로 확장하면 우리의 목적지 자아완성으로 갈 수 있는 길이 열릴 것이다. 그리고 그 길로 가는 것이 우리가 이 땅에 태어난 별다른 이유이자 목적이지 않을까.

　우리가 운이라고 표현하는 모든 것들을 다른 말로 복(福)이라고 할 수 있는 것처럼, 우연의 산물로서 태어나 황폐한 인생을 살아가는 우리도 어쩌면 복(福)이라는 만족할만한 행복을 얻기 위해 나름대로 열심히 살아가는 것으로 생각한다. 항상 무엇을 하더라도 마음 중심이 텅 비어있는 것처럼 공허하고 여러 유흥과 나름의 방법들을 찾아 다양하게 시도해보지만 채워지지 않는 영혼의 공백을 느낄 것이다. 그렇다면 주저하지 말고 잠시 잠깐 멈춰서 자신의 본질적인 현재 모습을 돌아보는 데 시간을 쓰고, 방향을 설정하는데 투자한다면 유통기한이 없는 행복과 매일같이 마음 안에서 샘솟듯 솟아나는 행복에 가득 찬 나날들을 보낼 수 있을 것이다.

본질적인 나다움을 찾기 위한
나의 현 위치 파악하는 방법

1) 심리상담

심리상담은 나에 대한 본질적인 이해를 위해 필수 불가결한 사항이다. 정신분석학의 창시자로 불리는 프로이트의 말에 의하면 사람의 정신에서 무의식이 약 90%를 차지하며, 의식은 약 10%를 차지하고 있다. 즉, 나에 대한 이해를 위해선 무의식의 세계를 아는 것이 가장 중요하다는 것을 의미한다. 이는 뇌과학적으로도 진화론적 관점으로 보면 조금 더 쉽게 이해할 수 있다. 뇌가 우리 몸무게의 2%밖에 되지 않지만 총 에너지의 20%를 사용하는 것을 보면 의식적인 행동이 많을수록 뇌가 너무 많은 에너지를 쓰게 되기 때문에 생존하며 살아가는 많은 일을 처리하지 못할 것이다. 그렇게 에너지를 아끼기 위해 많은 정신적인 행동들까지도 무의식의 자동화된 절차를 통해 이루어지도록 생존한 것이다. 사실상 우리는 이 사실을 받아들이기 힘들 수 있다. 아침에 눈을 뜨면서부터 잠자리에 들기까지 수많은 결정을 의식적으로 하고 있다고 착각하고 있기 때문이다. 많은 연구결과를 통해 사람이 하루에 적게는 150번부터 많게는 수천 수만 번의 결정을 한다고 하지만, 우리가 결정하는 숫자보다 더 집중을 해야 하는 점은 그렇게 의식적인 행동이라고 생각하는 것들조차 뇌과학적 결과로 보면 의식적이라고 보기 힘들다는 것이다. 만약 내가 밥을 먹을 때 의식적으로 '수저를 잡자, 밥을 떠야지, 입으로 가져가자, 꼭꼭 씹어먹고 넘기자' 같은 사소한 것조차 의식을 거쳐야 한다면 아마 하루 삼시 세끼 먹는 것만으로도 에너지를 다 쓰지 않을까 생각된다. 따라서 나에 대해 알기 위해선 내 안의 무의식을 아는 것이 매우 중요하다.

그렇다면 나의 현재 성격에 대해선 많이들 인지하려 노력을 하지만 어떻게 과거부터 현재를 거쳐 미래까지 포괄적인 나에 대해 이해를 할 수 있을까?

먼저 현재와 과거를 잇는 작업을 먼저 해보자. '현재의 나의 성격'은 '과거의 상처'를 통해서 만들어지게 되는데, 과거의 상처로 볼 수 있는 영역이 크게 3가지가 있다.

첫째, 가장 많은 영향을 받는 것은 부모님이다. 심리학자들은 보통 성격이 형성되는 나이를 3세~12세 정도로 보고 있다. 그때 자신감이나 감정표현 등의 성격이 형성된다고 하는데 무엇보다 부모님의 양육방식과 자녀에게 하는 말들이 자녀의 무의식에 자리를 잡아 성격 형성에 지대한 영향을 받게 된다. 그러니 화가 난다고 해서 자녀에게 "너는 누굴 닮아서 그러니?"라고 하지 말자. 누굴 닮았겠는가? 옆집 아저씨를 닮았을 리는 만무하지 않나. 특히나 현재 성격에 영향을 주는 과거의 상처 3가지 영역 중 부모님에 의해 형성되는 성격이 가장 큰 비율을 차지하는 것을 생각해보면 더욱더 자신을 먼저 돌아볼 필요가 있다.

그렇게 성격이 형성되는 과정을 살펴보면 '감정교류 → 단절의 경험(상처) → 두려움 → 두려움에서 벗어나려 노력 → 고정/집착'으로 정리할 수 있다.

이해를 돕기 위해서 예를 들어보면, 우리가 밥을 잘 먹다가(감정교류) 갑자기 한 달간 밥을 못 먹었다고(단절의 경험) 가정해보자. 그러면 머릿속에 무슨 생각이 들겠는가? 이러다가 굶어 죽을 수도 있겠다는(두려움) 생각이 머릿속에 가득할 것이다. 그 생각에서 벗어나기 위해 밥을 먹어야겠다는(두려움에서 벗어나려 노력) 생각이 들고, 그 생각이 다른 것들보다 최우선시돼서(집착) 해결하려 할 것이다. 그것을 행동으로 옮기기 위해서 여러 가지 행동(다양한 성격들)이 나오게 된다. 누구는 친구를 불러서 외식할 수도 있고, 누구는 마트에서 장을 보고 집에서 요리해 먹을 수도 있고, 누구는 침대에 누워 배달 앱을 킬 수도 있다. 이렇게 집착된 행동이 다양하게 행동으로 나오는 것처럼 성격이 다양하게 형성이 되는 것이다.

마찬가지로 성격이 형성되는 과정 중 가장 큰 영향을 받는 부모님과의 관계를 보면 자녀가 감정교류를 시도할 때 단절되는 경험을 겪게 되면서 시작된다. 예를 들어 아이는 기르던 사랑하는 강아지가 죽게 되어 속이 상하고 마음이 아픈 상황이다. 그래서 부모님에게 감정을 표현하게 된다. "아빠, 강아지가 죽었어요.(감정교류)" 그럴 때 아이는 단절되는 경험을 하게 된다. "누가 들으면 부모님 돌아가신 줄 알겠다 뚝 그쳐!(혼남에 의한 단절)", 또는 "슬프지? 슬프면 울어야지 계속 울어라!(방임에 의한 단절)", "그런 거로 슬퍼하지 말고 너 좋아하는 피자 먹으러 가자.(감정을 아무것도 아닌 것으로 치부한 후 좋아하는 피자로 시선을 돌린 회피형 단절)". 그렇게 받아들여지지 않은 감정이 아이 입장에서는 어떻게 그 마음을 처리해야 하는지 두려운 마음이 든다. 어른이 보기에는 아무것도 아닌 것처럼 보이겠지만 아이에게는 엄청난 큰 두려움이다. 그 두려움을 벗어나기 위해서 집착적으로 여러 가지 행동을 하는 것이 여러 가지 성격으로 형성된다.

처음처럼 혼남에 의한 단절에서 오는 두려운 감정을 해소하기 위해서 아이는 이렇게 생각한다. '어차피 말해도 안 받아들여지는구나. 앞으로 부모님에게 이야기 안 할래'라며 입을 닫고 표현을 하지 않게 되어 내 의견을 말하기보다 상대에게 맞춰주는 성격이 된다거나, '혼난 것에 더 반항적으로 행동할래'라고 생각하며 더 과격하고 폭력적으로 될 수도 있다.

방임에 의한 단절에 따른 두려운 감정을 해소하기 위해서 아이는 이렇게 생각한다. '아무도 내 감정을 받아주지 않아. 혼자 이 감정에 빠져있을래'라며 나쁜 감정이 들면 혼자만의 심리적 공간을 만들고 그곳에 들어가 아무와도 연락이나 소통하지 않고 혼자 웅크리고 앉아 자기만의 시간을 보내는 상황이 벌어질 수 있다. 그렇게 나쁜 감정이 들면 계속 그 감정에 빠져 헤어나오지 못하는 것은 나쁜 감정에서 어떻게 나와야 하는지 부모님에게 배우지 못했고 감정이 방치됐기 때문이다. 그러니 기분에 따라 안좋으면 한없이 안 좋았다가 좋을 때는 한없이 좋아하는 감정 기복이 생기게 된 것이다. 그렇게 혼자 방임되면 아이는 관심을 받기 위해 자꾸 특이한 행동을 한다거나 일부러 사고를 치고 못된 행동을 해서 부모님의 시선을 끌고자 하기도 한다. 그리고 자기만의 세계를 만들어 공상에 빠지는 경우들도 많이 발생한다.

또한, 감정을 아무것도 아닌 것처럼 축소하고 다른 곳으로 시선을 전환하는 단절을 겪은 경우는 힘들고 어려운 것을 견디지 못하고 이겨내려 하기보다 회피하려는 성격이 될 수 있다. 힘들게 된 근본적 원인을 해결하려 하지 않고 눈만 감아버린다거나, 스트레스 받으면 회피성으로 자버린다거나, 광적으로 게임이나 다른 자극적인 요소로 빠지게 될 수 있는 것이다. 그렇게 두려움을 해소하려는 여러 모양의 집착들이 성인으로 자라면서 굳어져 여러 가지 성격유형으로 나타나게 되는 것이다.

둘째, 형제 남매나 살아오며 겪는 많은 사람의 영향을 받는다. 가족 중 맏이로서 가장의 무게를 느끼며 동생들을 책임져야 하는 책임감이 형성될 수도 있고, 주변 지인들을 통하여서 성격이 비슷해지는 경우도 해당한다. 또한, 반대로 사람에게 배신을 당한 적이 있어서 낯선 사람을 잘 믿지 못하고 의심과 경계하는 마음들이 생길 수도 있다. 어떤 사람과 대화를 여러번 나누면서 "넌 참 막내 같다.", "맏이 같다." 이야기하는 것도 무의식적으로 나타나는 행동과 성격에 따른 가치관들을 보고 이야기하는 것이기에 신뢰하지 못하는 말은 아니라고 볼 수 있다.

셋째, 다사다난한 사건들을 통하여서 영향을 받는다. 두 번째 이유와도 연결되어 볼 수도 있는데, 예를 들면 나는 외동아들이다 보니 형제 남매의 영향은 없지만, 학창시절에 진득하지 못하고 나부대는 성격을 가지고 있다 보니 친구들에게 따돌림을 당한 적이 있었다. 지금 와서 생각해보니 그 뒤로 내가 나약해서 따돌림을 당했다고 속으로 생각을 하였고 그 뒤로는 외모나 보이는 모습에서 항상 약한 모습을 보이지 않으려고 행동하는 부분도 있었다. 예전에는 이런 일이 많이 없었지만, 요즘에는 학교에서 서로 편을 가르고 따돌림을 당하는 경우가 비일비재하다고 느낀다. 상담하는 학생들 중에 과거에 이런 경우를 많이들 겪었다고 이야기를 하며, 아무렇지 않게 이야기하는 모습들을 보면 충격 받을 때도 있었기 때문이다.

어떤 경우에는 성인 남매를 상담한 적이 있었는데 부모님의 극단적 선택을 눈앞에서 보게 되어 그 일이 있고 난 뒤부터 충격받은 동생은 말수가 없어지고 표현을 아예 하지 않는 사람이 되었고, 누나는 그런 동생까지 돌봐야 한다는 마음에 아주 강하고 똑똑하게 구는 사람이 되었다.

또 어떤 남학생은 친구가 엘리베이터에서 죽게 된 모습을 눈앞에서 본 뒤로 흔히 말하는 PTSD(외상 후 스트레스 장애)라 불리는 상처를 갖게 되어 엘리베이터만 보면 식은땀이 나고 심장이 뛰는 트라우마를 겪는 학생도 있었다.

이렇게 대표적인 과거의 3가지 영역의 상처들을 통하여서 (선천적으로 타고난 일부의 성격을 제외한) 현재의 성격이 만들어지게 된다. 그러니 아이들을 키우는 부모님이라면 더더욱 이런 부분을 생각해야 한다.

특히나 어렸을 때부터 언어폭력을 경험했던 아이들의 뇌 일부가 신체적인 폭력을 당하거나, 성폭행, 성폭력 등을 당한 아이들의 뇌와 비슷한 문제가 발견되었다고 한다. 이제는 아이만 나무랄 것이 아니라 자신의 상처를 먼저 돌아봐야 한다. 나의 상처받은 내면의 어린아이를 안아주지 못하였기에 내 자녀에게도 나와 똑같은 상처를 대물림하고 있기 때문이다. 타인과 있어지는 인간관계는 나의 내면과의 관계에서부터 출발하며, 마음속 어린 내면아이와 사이가 좋은 사람은 다른 사람과의 관계에서도 원만할 가능성이 높다.

지금까지 과거의 상처와 현재의 성격을 연결 짓는 작업을 했다면, 현재의 성격이 미래의 가치관을 만든다는 것을 이해해야 한다. 여기서 말하는 가치관이란 크게 2가지로 나누어지는데 '생각과 행동'으로 나뉜다. 상담했던 한 사례를 보자.

이 여성분은 어렸을 때부터 아버지께서 가부장적이시며 엄격하신 분이셨다. 평소에는 친절하게 잘해주시는데 술을 드시면 갑자기 확 폭력적으로 변하셨고, 늘 세상은 위험하니 아무나 믿지 말라는 말로 윽박지르시는 경우가 일상다반사였다. 그렇게 아버지의 결핍 상을 보며 자란 아이는 그 과거의 상처를 통해 현재의 성격이 항상 늘 어딘가 긴장해있으며, 갑작스럽게 혼났던 경우가 많아 눈치를 많이 보는 성격이 되었다. 그리고 무의식적으로 세상은 위험하다는 말을 듣고 자라다 보니 낯선 사람을 만나고 마음을 여는 것을 매우 어려워하며, 속으로 '저 사람이 위험한 사람이면 어떡하지? 믿을만한 사람인 것은 알겠는데 그래도 혹시나.' 라는 생각을 하게 되었다. 그러면 행동으로 나타나기를 사람과의 거리를 조금 두고 대하게 된다거나, 마음의 경계의 벽을 두고 소통을 하게 되는 것이다. 이렇듯 사람의 가치관이 형성되는 과정은 결코 그냥 만들어지는 것이 아니다. 이렇게 과거의 상처와 현재의 성격, 그리고 미래의 가치관까지 연결이 되어 완벽하게 이해가 된다면 지금 내가 무엇을 해야 하는지 알 수 있을 것이다. 이대로 살아갔을 때 나의 미래의 모습은 어떠한가? 그 가치관에 따라 미래의 자녀에게 할 행동, 사람들과 대인관계를 어떻게 하고 있으며, 내 옆에 있는 사랑하는 사람들에게는 어떻게 하고 있는가?

마지막으로 심리상담에 대한 인식에 대해 부탁하고 싶은 것이 있다. 우리나라에서는 유독 심리상담에 대해 폐쇄적인 시선을 가지고 있는 경우가 대다수의 인식이라 생각한다. 만약 당신의 가족이, 자녀가, 지인이 "나 요즘 심리상담 받고 있어."라고 말한다면 아마도 이렇게 반응할 것이다. "왜? 무슨 문제 있어? 많이 힘들어? 괜찮은 거야?" 나는 우리가 이런 인식을 벗어던져야 한다고 과감히 말하고 싶다. 그런 생각들 때문에 유독 우리나라는 정신적인 교육이 부재를 겪고 있다고 생각한다. 해외의 다른 나라만 보더라도 학생들이 힘들거나 방향을 잃고 어려워할 때 학교 내에 계신 상담 선생님을 찾아가 심리상담 및 진로, 미래의 계획 등을 함께 이야기 나누는 것이 일반적이다. 그러나 우리는 예상컨대 걱정스러운 눈빛으로 바라볼 것이다. 건강검진을 받는 이유는 죽을병에 걸렸기 때문인가? 아니다. 평소 내가 건강하다고 생각이 들지라도 내가 모를 병을 발견하기 위해서, 또는 좀 더 세부적인 나의 건강상태를 확인하기 위해서 검진받는 것이다. 마찬가지로 사람의 정신적인 검진도 문제가 있어서 받는 것이 아니라 조금 더 나의 내면에 대해 정확하게 알기 위해서 받는 것이 심리상담이라는 것이다. 혹 '나는 성격이 내성적이어서 결과가 부족하게 나오면 어떡하지?'라는 고민을 할지도 모르겠다. 이것 하나만큼은 당당하게 이야기할 수 있다. 감정에 있어 좋은 감정·나쁜 감정이 있는 것이 아니라, 이런 감정·저런 감정이 있는 것이며 모두 다 나의 감정 중의 하나일 뿐이다. 마찬가지로 성격도 좋은 성격·나쁜 성격이 있는 것이 아니라, 이런 성격·저런 성격이 있는 것이다. 어느 하나를 기준으로 상대를 바라보기 때문에 상대적 열등감에 빠지는 것이다. 당신은 이런 성격을 가진 것이고 저 사람은 저런 성격을 가진 것이다. 상대방이 본인 기준에 따라 당신을 아랫수 취급하며 가스라이팅 하더라도 기죽지 마라. 당신은 충분히 좋은 사람이니까.

2) 독서

사람은 자기 자신에게는 지나치게 관대하며, 타인의 말을 듣는 것을 본능적으로 싫어한다. 세상에 고집 없는 사람이 어디 있겠느냐마는 자기만의 생각과 가치관이 형성되면 잘 안 바꾸려는 성질이 있다는 것이다. 그런 모습들이 심해지면 속된말로 '꼰대'가 되는 것이다. 자신의 경험을 바탕으로 '라떼는 말이야'를 시전하며 영양가 없는 잔소리만을 늘어놓는다면 누가 좋아하겠는가. 한마디로 말해 이런 사람들과는 소통이 되지 않는다. 이 말이 여느 직장상사를 이야기하는 것이라고 들어서는 안 된다. 어쩌면 나는 꼰대 위의 '상 꼰대'일수도 있다. 자기 생각과 사고의 틀에 갇혀 완고해지면 유연한 생각을 하기가 쉽지 않다. 그러면 아무리 좋은 조언을 하려 해도 "그건 너니까 그런 것이고, 나는 이래."라고 말하게 되거나 "아니, 그게 아니라."로 말을 시작하게 된다. 괜찮다. 당신만 그런 것이 아니며 나도 그렇고 대부분의 사람들이 원래 타인의 말을 잘 듣지 않는다. 오죽하면 2000년 전 예수님도 당시 사람들에게 귀 있는 자는 들으라고 했겠는가. 그런데 신기한 것은 사람들이 말을 글로 적은 공신력 있는 책에서 하는 말들은 들어 먹으려 한다는 것이다. 즉 책을 거울삼아 내면을 자기 보기 할 수 있다. 보이는 얼굴은 거울을 보면서 잘못된 부분들을 고치려 하는 것처럼 내면을 들여다볼 수 있는 거울은 다름 아닌 책인 것이다. 책의 어떠한 종류라도 상관없다. 소설 속 주인공을 통해 공감하며 자신의 감정과 행동을 들여다볼 수도 있고, 자기계발서를 보면서 스스로 부족함을 느끼며 성장하기 위해 노력하는 것들이 생기게 되기도 한다. 책에는 수많은 사례와 사실들이 논리적으로 나오기 때문에 적어도 그 분야에서 최고의 사람들, 인정받는 사람들의 겪은 것들을 설득력 있게 이야기해줌으로써 자연스레 사색하게 되면 자기 보기를 안 할 수가 없다.

따라서 독서를 통해 자신을 객관적으로 바라보게 되는 효과를 볼 수 있고, 더 나아가 독서 노트를 쓰거나 생각을 정리하며 기록한다면 메타인지가 생기고 더 자신의 사고의 폭을 넓힐 수 있다.

그러나 독서를 통한 자기 보기를 권하는 나도 한때는 책이라는 단어만 들어도 손사래를 치던 사람이었다. 지금도 독서알러지를 극복하고자 독서 모임도 하고 습관을 만들고자 노력 중이지만 독서 노트를 쓰는 것과 쓰지 않는 것은 굉장한 차이가 있었다. 지금도 많이 부족하지만, 늦둥이 외동아들로서 사랑을 많이 받고 자라(어렸을 때는 신발에 흙이 묻지 않았을 정도였다고 한다) 자기 자신밖에 몰랐던 이기주의자였던 내가, 어느덧 독서 노트를 쓰면서 타인과 조직과 사회를 생각하며 선한 영향력을 펼치기 위해 노력하는 것만 봐도 이미 입증되었다고 볼 수 있다. 양식이나 그런 건 상관없다. 줄 노트여도 좋다. 나만의 독서 노트를 사서 하루에 와닿는 것 1개 이상 건지겠다는 마음으로 시작하라. 그렇게 건진 문장을 적고 볼펜 색을 달리하여 자기 생각과 나에게 비추어 생각한 내용을 편하게 적어 내려가는 것이다. 더불어 그것을 누군가에게 말로 설명해보면 효과는 배가 된다. 내가 말을 하면 상대가 먼저 듣는 것 같지만 그렇지 않다. 내가 한 말은 내가 가장 먼저 듣는다. 그러니 책을 보며 느끼고 접목한 부분을 독서 모임이나 지인들에게 열성적으로 설명해보라. 그리고 다짐하며 나에게 접목할 점들을 행동으로 옮겨보는 것도 좋다. 그렇게 설명하면서 상대방의 의견도 들어보면 더 깊이 있는 자아 성찰을 하게 되는 경우도 있다.

예를 들면 어떤 책의 내용 중 아침에 일어나 정신을 깨우기 위해 10회 정도 가볍게 몸을 움직일 수 있는 팔굽혀펴기를 하라고 권하는 방법을 보고 나는 아침에 일어나면 가장 먼저 무엇을 하는지 돌아보았다. 가만히 생각해보니 아침에 약 15분 정도는 침대에서 꾸물거리며 '일어나기 싫다'라는 부정적인 말을 계속 되뇌고 있는 모습을 깨닫게 되었다. 그런 행동이 하루아침 시작을 망치는 나쁜 습관이 되었고, 그 습관을 매일같이 하면서 나 자신을 망가뜨리고 있다는 생각을 하게 되었다. 그래서 나만의 방법대로 바꿔서 긍정적인 아침 습관을 만듦과 동시에 건강을 챙기는 일을 결합하여 진행해보기로 했다. 나는 허리 유연성이 좋지 않아 꼭 매일같이 해야 하는 운동이 있는데 따로 시간을 내서 하자니 잘 하지 않게 되던 터였다. 하루 중 반드시 해야 하는 허리 스트레칭 5가지를 각각 10개씩 하며 아침잠을 깨우기로 다짐하였고, 지금은 습관으로 만들어 시간관리와 건강관리, 그리고 아침을 긍정적으로 시작할 수 있게 생활패턴을 바꿀 수 있었다.

또한, 이전에는 내 성격과 정반대의 성격인 내성적이고 소극적이며 표현을 잘 하지 못하는 사람들을 보면서 답답해하고 의식이 낮은 사람이라고 평가절하하곤 했었다. 그러나 돌이켜보면 남들을 평가할 만큼 내가 대단한 사람도 아니며, 겉으로 활발한 에너지를 내뿜는 사람이라 해서 소극적인 사람보다 잘난 사람이 아니라는 점을 책의 사례들을 접하며 알게 되었다. 그러다 보니 평소에는 이해조차 하려 하지 않던 교만한 나였지만, 이제는 함부로 평가하려 하지 않고 조금은 이해할 수 있게 되어서 내 마음도 편안해졌다.

이와 같이 독서는 나처럼 남들이 하는 조언은 듣지도 않고 거만하며 오만방자한 고집불통인 사람도 두 손을 공손히 앞으로 모으고 겸허하게 받아들여 자기 보기를 하게 만든다.

3) 명상

당신은 '명상'이라는 단어를 떠올리면 어떤 이미지가 생각나는가? 나는 가부좌 자세로 꼿꼿하게 앉아 눈을 감고 세상의 모든 욕심을 내려놓은 듯한 표정을 짓는 사람의 이미지를 떠올렸었다. 그러나 지금은 전혀 그렇게 생각하지 않는다. 명상은 우리처럼 평범한 사람들도 너무나 쉽게 배우고 할 수 있으며, 지금의 시기에는 더욱 자신을 인지하기 위해 누구나 해야만 한다. 특히나 코로나 시대 이후 동영상 플랫폼에서 명상 관련된 영상들의 조회 수가 전체적으로 급등하는 것을 볼 때면 우리가 코로나 시대 이전보다 더 정신적으로 피폐해졌다는 방증이 되는 것 같다. 반강제적으로 자신을 돌아보는 시기가 되었지만, 그만큼 나 자신을 돌아보는 시간을 찌꺼기 시간에 배치하지 않게 된 것이라는 점에선 긍정적인 현상이라고도 볼 수 있다. 잠시 멈춰서 생각해보니 이제야 알게 됐다. 우리는 과거나 미래가 아닌 '현재 그대로의 상태'에 머문 적이 거의 없다는 것을 말이다. 항상 과거의 걱정과 미래의 계획에 대해 쉴 새 없이 생각하며 돌아가는 머릿속이었기에 현재에 최선을 다한 적이 없다는 말이 맞다. 그러나 명상은 그런 현재 나의 상태를 인지하는 데 대단히 많은 도움을 준다. 또한, 나의 주체하지 못하는, 내가 주인이 아닌 것만 같은 감정과 기분 상태들을 인지하고 변화할 수 있는 가장 좋은 효과를 갖고 있다.

우리가 앞서 함께 생각해본 것처럼 제일 먼저 고민하고 생각해야 하는 것은 현 위치를 인지하는 것부터 모든 것이 시작된다는 것이다. 감정도 마찬가지로 그 감정이 드는 것을 인지하는 것부터 시작된다. 그저 나의 감정을 모두 뭉뚱그려 '그냥 기분이 나쁘다', '다 화가나', '다 짜증이 나'라고 표현하는 것을 말하는 것이 아니다. 조금 더 깊이 있게 인지하는 것이다. 사람들은 의외로 자신의 감정과 친하지 않다. 그러니 막상 감정을 표현하는 것도 쉽지가 않다는 것을 느낀다. "기분이 어때?"라고 물어보면 포괄적으로 "몰라, 그냥 다 싫어!"라는 식으로 표현할 때가 많다는 것이다. 그러나 하나하나 잘게 쪼개어 감정 자체를 바라보고 인지하다 보면 그 감정을 안아주는 방법도 명상을 통해 배울 수 있다. 그렇게나 '분노쟁이'였던 나도 했다면, 여러분도 할 수 있다.

또한, 명상은 집중력 향상에도 도움이 되며 또 다른 차원의 훈련이 될 수 있다. 코로나19 이후로 OTT 문화(Over the top media service)가 커지면서 인터넷을 통해 다양한 방송프로그램, 영화, 교육, 드라마 등 각종 콘텐츠가 난무하는 세상이 됐다. 대표적으로 유튜브나 넷플릭스 등이 있다. 이런 문화의 변화에 이어 사람들의 집중력은 이전보다 더 약해졌다고 한다. 영상들을 볼 때 정속으로 보는 경우보다 배속해서 보는 경우가 훨씬 많고, 심지어 드라마나 영화를 10초씩 건너뛰며 보는 사람들도 있다. 그러다 보니 예전 드라마들의 회당 시간이 이전에는 1시간은 기본이었지만, 요즘에는 약 40분을 넘지 않는다. 물론 배속된 빠른 영상을 봐야 하기에 더 집중해서 봐야 한다고 말하는 사람도 있는 줄 안다. 하지만 배속으로 돌아가지 않는 우리의 현실 세계와 일상생활에 영향을 미치는 것들을 말하고 싶은 것이다.

만약 정속을 참지 못하고 답답해하며 배속이 습관이 되어있는 사람이라면 '성인 ADHD(주의력 결핍 과잉행동 장애)'까지 올 가능성이 크다고 전문가들은 경고한다. 현재 집중력에 대해 많은 쟁점으로 논의되고 있는 시점에서 명상이 도움이 된다고 이야기하는 이유는 호흡과 감각에 나의 온 집중을 쏟는 행위를 함으로써 집중력을 높이는 데는 탁월한 도움을 주는 훈련방법이기 때문이다. 명상을 하는 중에도 계속해서 중간중간 잡념이 들 수 있다. 그래도 다시 호흡과 감각으로 돌아오는 연습을 하면 된다. 처음 시작할 때는 명상하는 동안 다른 생각을 하지 않는 것을 포인트로 두는 것이 아니라, 다른 생각이 나더라도 그것을 인지하고 빠르게 호흡으로 돌아오는 것을 포인트로 두는 것이다. 그렇게 꾸준히 노력하다 보면 생각을 전환하여 집중하는 주기가 점점 짧아진다. 이것을 반복해서 훈련하면 집중력이 단련되고 일상생활에서 다른 영역들까지 영향을 미칠 수 있다. 예를 들어 출퇴근 시간에 외국어 단어공부를 할 때 순간적으로 집중하여 나만의 공간에 빠르게 들어가 학습할 수 있게 효율을 높여준다거나, 학원수업이나 강의를 들은 후 스스로 공부하는 시간에 다른 여러 가지 생각들이 들더라도 심호흡하며 공부에 집중할 수 있게 도와주기도 한다. 그래서 나는 주로 공부하기 전이나 생각이 너무 많아 머리가 아플 때 명상을 한다.

　나는 학창시절부터 깝죽대는 성격을 가지고 있었고, 항상 분노의 감정에 사로잡혀 있는 사람인데 감히 내가 명상의 효과를 전하게 될지 누가 알았겠는가. 스스로 나를 통해 입증한 간단한 명상 5가지 방법을 소개하려 한다. 하루에 더도 말고 덜도 말고 딱 10분만 시작해보라. 과거나 미래가 아닌 '현재 그대로의 상태'에 집중하는 그 희열 넘치고 환희에 빠지는 시간은 자연스레 점차적으로 늘어날 것이다.

　(1) 명상 전 준비 호흡 : 우리는 일상에서 살아오던 속도가 있다 보니 바로 명상으로 들어가기 어렵다. 준비 호흡으로 마음을 다스려라.

a. 명상을 하기 편한 자세로 앉는다. 팔을 단전에 두어도 좋고 무릎 위에 가볍게 놓아도 좋다.

b. 코로 숨을 들이마시고, 속으로 '하나, 둘, 셋'을 세며 3초간 숨을 참은 후에 입으로 100% 다 짜내듯이 숨을 내쉰다.

c. 마음의 속도가 차분해진다는 생각이 들 때까지 수차례 반복한다.

(2) 호흡 명상 : 호흡은 사람의 몸 중에서 의지에 따라 움직일 수 있는 '수의근'이자, 의지와 상관없이 자율적으로 움직이는 근육인 '불수의근'이다. 평소에는 자동으로 숨이 쉬어지지만, 의지에 따라 숨을 참거나 느리게 혹은 빠르게 쉴 수 있다는 것을 의미한다. 따라서 호흡은 자율신경계를 제어할 수 있는 유일한 방법이다.

a. 손을 가슴 위에 얹고 편하게 숨을 쉬며 가슴이 오르내리는 느낌을 느껴본다.

b. 손을 배 위에 얹고 편하게 숨을 쉬며 배가 오르내리는 느낌을 느껴본다.

c. 편한 명상 자세를 하고 들숨·날숨에 숫자나 긍정 표현을 하나 골라 붙여가며 호흡에 집중한다.

– 들숨에 하나, 날숨에 둘 … 들숨에 아홉, 날숨에 열. (쉬워지면 거꾸로 숫자를 내려가며 해도 된다)

– 숫자 대신 긍정 표현을 붙여 들숨에 '활력 넘친다', 날숨에 '활력 넘친다'라며 호흡하거나, 긍정단어를 2개 생각하여 들숨과 날숨에 달리 생각하며 호흡해도 된다. 들숨에 '평안하다', 날숨에 '행복하다'처럼 말이다.

(3) 바디스캔 명상 : 내 몸을 관찰하며 긴장을 이완시켜 질 높은 휴식과 수면에 도움이 된다. 특히 생각이 많아 쉽사리 잠을 이루기 힘들거나 불면증을 종종 겪는다면 그런 생각들을 고이 접어두고 내 온몸의 긴장을 풀면서 스르륵 잠들 수 있게 도와준다.

a. 편하게 누워서 온몸에 힘을 빼고 준비 호흡을 한다.

b. 의식을 오른쪽 발가락 끝으로 이동하여 어떤 느낌이 드는지 호흡하며 관찰한다. (심장 뛰는 듯한 느낌이나 저릿하기도 하다)

c. 의식을 옮겨 오른쪽 발과 발목, 종아리와 허벅지로 순차적으로 이동한다. 오른쪽 다리의 긴장이 이완되고 무거워진다는 느낌이 든다 생각하며 호흡한다.

d. 왼쪽 다리도 마찬가지 순서로 진행한다.

e. 천천히 의식을 엉덩이와 등으로 옮겨서 근육의 긴장이 풀어진다 상상하며 호흡한다.

f. 마지막으로 두 팔도 같은 느낌으로 상상하며 호흡한 후 머리로 이동한다.

g. 얼굴 근육에 힘을 풀고, 머리부터 발끝까지 몸 전체의 숨구멍이 열린다 생각하며 모든 구멍으로 시원한 바람이 들어오고 나가면서 호흡한다고 생각한다.

(4) 마음 챙김 명상 : 삶에서 일어나는 여러 상황에서 생기는 감정과 느낌을 판단하거나 불건강한 표출, 억압하지 않고 감정 그 자체에 집중하

며, 느끼고, 받아들이는 것이다.

a. 지금의 감정 또는 최근 나를 많이 괴롭힌 감정 한 가지를 선택한다.

b. 준비 호흡을 통해 마음을 준비시킨다.

c. 그 감정을 그저 바라본다. 이때 감정을 일으킨 사건이 동화 속 이야기처럼 그려지며 꼬리에 꼬리를 물게 될 텐데 이런 생각을 멈추고 감정 그 자체만을 보는 것이다.

d. 슬픔을 느낀다면 어떤 감각을 통해 느끼게 되었는지, 슬픔을 느낀다는 걸 어떻게 알게 됐는지 감정을 바라보며 느껴보자.

e. 자신의 이름을 넣어 누군가가 나에게 이야기해주듯이 '○○야. 너 ____을 느꼈구나. 정말 힘들었겠다'라고 말해주며 감정을 안아준다.

f. 감정을 억지로 변화시키려 하거나 억누르려 하지 말고 있는 그대로 느끼고 인정해주는 것이다.

(5) 분노 조절 명상 : 분노는 나쁜 감정이 아니다. 감정의 종류 중 한 가지일 뿐이다. 만약 누군가 내 가족이나 경계선을 침범하는데 분노를 느끼지 못하고 웃는다면 말이 안 된다. 분노는 일어나기 전에 관리하는 것이 맞지만, 이미 감정이 올라왔을 때는 건강하지 않게 화로 표출되는 것을 경계해야 한다. 그럴 때 일시적으로 감정을 내릴 수 있는 방법을 실천해보자.

a. 혀를 U자로 만들거나, 치아 사이로 숨을 들이마신다.

b. 속으로 '하나, 둘, 셋'을 세며 3초간 숨을 참고, 코로 내쉰다. (우리가 평소 화날 때 코로 한숨쉬는 것과 같은 원리이다)

c. 반복하며 차가운 공기가 머리의 열을 식히고 나간다는 느낌으로 반복하면 된다.

d. 마음 챙김 명상과 같이 분노의 감정에만 집중하며 편하게 호흡한다.

e. 분노의 감정을 불건강하게 표출하지 않은 자신을 토닥여주자.

4) 감사일기

감사일기의 효력에 대해선 이미 많은 정보들이 있다. 그러나 내가 말하고자 하는 것은 어떤 긍정의 효과보다 자신의 감정과 행동을 인지하는 것을 연습하기 위해 이용하는 방법이다. 다른 효과들은 덤으로 가져가길 바란다. 사람이 느끼는 감정 중 긍정적인 영향을 주는 감정은 그 감정이 시작될 때 인지하면 더욱더 배가 됨을 느낄 수 있고, 부정적인 영향을 주는 감정은 그 감정이 시작될 때 인지하면 더 빠르게 빠져나올 수 있다. 애석하게도 부정적인 감정이 긍정적인 감정보다 약 4배나 더 뇌에 각인이 잘 된다고 한다. 그도 그럴 것이 만약 오늘 하루종일 기분이 굉장히 좋았다가도 퇴근하고 집에 들어오는 길에 강아지똥을 밟아 새로 산 신발이 더러워졌다면 짜증 나는 감정이 모든 좋았던 감정을 삼키고 그 감정에서 헤어나오지 못하게 되는 것만 봐도 알 수 있다. 그럴 때 그 감정을 인지하고 바라보는 연습을 글로써 연습해보는 동시에 하루의 마무리를 감사한 마음으로 마무리하게 되면 그 여파가 다음 날 아침으로 이어지게 된다. 그래서 다음날의 기분 상태까지도 상쾌하게 시작할 수 있는 발단이 되는 것이다. 우리가 어떤 사건을 감사일기에 기록할 때 아무리 감정을 헤친 일이라고 할지라도 저주와 욕설을 퍼붓진 않을 것이다. 그래도 자신의 감정에 덧붙여 부정적인 시각을 긍정적 시각으로 전환을 시켜서 쓰지 않겠는가. 예를 들어 '부장님이 자기 일을 직원들에게 시켜 나도 같이 야근을 하게 돼서 짜증이 났는데 집에 가시다가 돌부리에 넘어져 코가 깨졌으면 너무 감사하겠다.'라고 쓰진 않을 것이다. 그래도 감정전환을 통해 '부장님이 자기 일을 직원들에게 시켜 야근을 하게 돼서 짜증이 났지만, 몰랐던 회계프로그램도 이해할 수 있게 되었고 업무 경험을 쌓을 수 있었습니다. 그리고 부장님께 점수를 따게 된 덕분에 사회생활을 잘하는 사람으로 이미지를 쌓을 수 있어 감사합니다.'라는 식으로 쓰게 될 것이다.

감사일기는 하루를 돌아보며 내가 어떤 일들이 있었고 어떻게 행동했는지, 어떤 감정이 들었는지 돌아볼 수 있으며, 무심코 지나간 소소한 감사한 일들이 많음을 느낄 수 있다. 더불어 부정적 감정이나 시선에서 빠르게 벗어나는 방법도 배울 수 있으니 금상첨화 아니겠는가. 처음에는 하루에 3개씩 쓰라고 하면 생각보다 어렵겠지만 언제부턴가 일상의 감사한 일들을 찾고 있는 자신을 발견할 수 있을 것이다. 이런 행동이 습관이 되면 관점과 마인드가 긍정적으로 바뀌게 되고, 사람을 볼 때 그 사람의 단점보다 가지고 있는 장점과 좋은 점을 먼저 보려 하게 된다. 또한, 어려운 상황에서도 실오라기 같은 작은 희망에 집중하며 이겨나갈 수 있다. 그러나 감사일기 쓰는 방법을 알려주지 않고 그냥 쓰라고 한다면 사건과 사실만 나열하는 경우가 대다수다. 그래서 효과적인 감사일기 쓰는 방법을 아래 적었으니 어렵더라도 천천히 작성해보자. 평소 감정표현이 어려운 사람은 감정과 친해지기 위해서 말보다 글로 먼저 연습한다고 생각해도 좋다. 되도록 감사일기 1개에 3가지 방법이 다 접목되게 쓰고, 하루에 총 3개 정도 써보는 것으로 시작하는 걸 추천한다.

감사일기 쓰는 방법

(1) 최대한 자세하게 쓰고, 감정적인 표현이나 마음을 담은 표현들을 적어본다.

(2) '~ 때문에'가 아니라 '~덕분에'로 쓴다.

(3) 낮춤말이 아닌 높임말을 쓰며, 끝은 항상 '감사합니다'로 마무리한다.

ex1) 나는 오늘 평소보다 일찍 일어나게 되어 밥을 먹게 되었다. 감사하다. (X)

→ 아침 7시에 커튼 틈 사이로 들어오는 따스한 햇볕을 맞으며 평소보다 30분 일찍 일어나게 되었습니다. 더 피곤하다고 생각할 수 있는 아침이지만 일찍 일어나게 된 덕분에 평소에는 못 먹었던 아침밥을 먹을 수 있었고 하루를 든든하게 시작할 수 있게 됨에 감사합니다. 아침 준비 해준 엄마 사랑해♥ (O)

ex2) 오늘 아침에 평소보다 늦게 일어났고 급히 나가다가 바닥에 있는 쓰레기를 밟고 넘어질 뻔했는데 안 넘어졌다. 감사하다. (X)

→ 어제 친구들과 늦은 시간까지 함께해서 오늘 아침에 20분 정도 늦잠을 자게 되었습니다. 너무나 바삐 준비하는 가운데 집을 나서다가 바닥에 널브러진 쓰레기를 밟아서 넘어져 크게 다칠 수도 있었지만, 다행히 옆에 난간을 잡으면서 다치지 않을 수 있었습니다. 하마터면 더 큰 사고가 일어날 수 있었고 정신없는 하루의 시작이었지만 넘어지지 않은 덕분에 제시간에 맞춰 일정을 소화할 수 있게 됨에 감사합니다. (O)

5) 데일리 플랜과 데일리 리포트

데일리 플랜이란, 하루의 일과들을 언제 어디서 어떤 일을 할건지 미리 적는 것을 의미한다. 데일리 리포트는 계획대로 실천한 하루의 일들을 1시간 단위로 적으며 집중도와 시행 여부를 체크하고 자가피드백하는 것이다. 플랜과 리포트를 쓰게 되면 계획적인 삶을 살 수 있을 뿐만 아니라 자신의 삶의 목적을 위해서 소소한 목표들을 이루어가는 성취감을 시각적으로 확 느낄 수 있다. 혹여나 생각이 많아 밤잠을 설칠 때에도 다음날 할 계획들과 머릿속 생각들을 시각적으로 정리하여 기록하면서 머리를 비우면 다음 날을 준비하는 마음으로 잠자리에 들 수 있다는 이점도 있다. 무엇보다 가장 중요한 것은 나를 돌아볼 수 있다는 것이다. 내가 언제 가장 집중력이 높은지 시간대별로 상·중·하로 나누어 볼 수 있으며, 집중력이 낮은 시간대 즉 정신 체력이 다했을 때 나의 본능적 행동들이 어떻게 나타나는지도 볼 수 있다. 또한, 나의 목적과 그 목적에 도달하기 위해 시행할 목표들을 적으며 다시 한번 상기하는 마음으로 자신에게 이야기해주고, 오늘의 그 목표들을 이루어가며 목적에 다가감을 피부에 와닿을 수 있으니 자신감을 얻는데에도 적지 않은 감동을 스스로에게 선물한다.

그래서 단순히 리스트를 정리하고 지워가는 것이 아닌 그 리스트의 행동을 '왜'하는지를 목적의식에 따라 적어보면 행동력으로 나타날 확률도 높일 수 있고, 단순 행동 자체만을 주목하는 기계적인 삶을 사는 것과는 다르다는 것이다. 그래서 반드시 왜 그 행동들을 하는지 자신에게 물으며 적는다면 목적과 가치관을 생각하면서 적게 되고 성취감도 더 극대화된다. 그렇다고 1시간 단위로 알람을 맞추고 리스트 종이를 꺼내 적으라는 말이 아니다. 시간이 조금 늦춰지더라도 괜찮다. 직장인들은 회사업무들을 보는 고정시간대가 있는데 칼같이 시간 단위로 지키고자 피곤한 삶을 자처하며 자신을 몰아세울 필요까지는 없다. 다만 고정일정이 있다면 그 외에 내가 유동적으로 사용할 수 있는 시간과 집중도는 어느 정도 되는지 인지하고 아는 것이 굉장히 중요하다.

목적의식이 있는 삶은 매일 아침이 선물과 같이 느껴지고 기다려진다. 그리고 하루를 마치며 자신의 스케줄을 가득 채워 달성한 표를 보면 뿌듯한 미소로 마무리할 수 있을 것이다. 단순히 오늘 할 일들을 열심히 다했다는 느낌이 아니라, 목적에 한 걸음 더 다가가기 위해 열심히 보낸 하루를 보람차게 보냈다는 느낌이기 때문이다.

정리하자면 하루 일과를 모두 마칠 때쯤 책상에 앉아 당일 데일리 리포트를 보며 자신을 돌아보는 시간을 갖고, 다음날 데일리 플랜을 적으며 미리 하루를 머릿속에 그려보자. 이어서 다음날이 되면 목적의식에 따른 하루 목표를 상기 후 이루어갈 리스트를 보며 되뇌고 시작하면 된다. 더불어 하루를 마무리할 때 위에 있는 감사일기와 함께 웃으며 마무리하는 삶까지 더해지면 하루하루가 생일 같을 것이다.

나다운 삶의 방향 설정

우리는 목적지보다 현 위치와 방향을 아는 것이 먼저 선행이 되어야 한다고 이해했다. 현 위치는 나의 '자아정체성을 정립'해가기 위한 이해단계를 이야기하였고, 목적지는 '자아완성에 도달하는 행복'이라 했다면, 방향은 나의 미래관을 넓히고 사람에 대한 지각을 넓혀감에 따라 '자아정체성을 확장'해가는 것이 될 때 성장해서 완성까지 도달할 수 있다고 표현했다.

즉, 자아에 대해 정립을 하고 확장을 통해 완성까지 성장해가기 위해 살아가는 것이 인간의 본성이라는 것이다. 이것을 느끼게 된 것은 10대부터 50대까지 (부모님까지 하면 70대까지) 상담 및 대화를 해보면서 깨닫게 됐다. 평생 '나'라는 존재에 대해 끊임없이 고민하고 해답을 찾아가는 연속의 삶이라는 것을 말이다.

　그러나 우리가 나다운 삶을 찾지 못하는 이유는 무엇일까? 대부분 '본질'이 아닌 '상황'에 맞춰 살아가기 때문이다. 10대가 되면 주변 상황에서 원하는 삶이 무엇인가? 공부 열심히 하고 좋은 친구를 만나 좋은 유대관계를 배워야 한다고 가르친다. 그러나 어떤 공부가 좋은 공부이며, 어떤 친구가 좋은 친구이고 어떤 관계가 좋은 유대관계인지 명확하게 답해주는 어른은 아무도 없다. 어쩌면 어른이 된 우리도 잘 모르기 때문이 아닐까. 그렇게 10대 아이들은 뚜렷한 답을 모른 채 자기 기준에 따라 여러 가지 좋은 친구에 대한 기준을 만들고 그에 부합하는 친구들과 관계를 맺는다. 20대가 되면 주변 상황에서 원하는 것은 좋은 스펙과 자격증, 직장, 미래에 대한 꿈과 비전을 이야기한다. 그럼 어떤 미래가 좋은 미래이며 그 미래를 위해 어떻게 준비하는 것이 나의 삶을 사는 것인가? 대답해줄 수 있는 사람이 주변에 많지 않다. 그러니 자기 기준 혹은 인생 선배가 말하는 것, 남들이 좋다는 것들을 따라가는 삶을 살게 된다. 이것저것 해보며 자신에게 찰떡같은 미래를 찾고 준비해갈 수 있다면 너무 좋겠지만 과연 그런 사람이 몇 명이나 될까? 상대적으로 자신의 본질보다 상황에 따라 살아가는 사람이 더 많은 것을 상담하다 보면 절실하게 느끼게 된다. 30대가 되었다. 요즘 내가 주변에서 가장 많이 듣는 말이 무엇일까? 좋은 여자를 만나 좋은 결혼을 해야 한다고 그렇게 들들 볶는다. 그래서 어떤 여자가 좋은 여자이며 어떤 결혼이 좋은 결혼인지 물어보면 제각기 본인의 의견을 낼뿐 와닿는 이야기는 하나도 없다(나는 화나지 않았다). 상황이 원하는 대로 살아가는 삶은 끝나지 않았다. 40대가 되면 주변에서 무엇을 원할까? 좋은 부모가 되어야 한다고 말한다. 그러나 엄마 아빠라는 이름으로 불리는 건 처음이라 어떻게 해야 자녀에게 본이 되는 모습인지, 어떻게 양육하는 게 좋은 부모가 되는 길인지 알지 못해 헤맬 때가 많다. 그제야 나를 이렇게 잘 키워주신 부모님이 생각나며 눈물을 머금게 되는 것이다. 그래도 양어깨에 책임감이라는 단어를 올리며 좋은 부모가 되기 위해 열심히 노력해간다. 그렇게 나이가 들어감에 따라 자녀 결혼, 노후준비, 좋은 여가 등 세상이 원하는 상황들을 쫓으며 사는 것이 일반적이다.

사람을 나무로 보자면 시간이 지남에 따라 수많은 가지를 내고 그 가지들에서 열매를 결실하고자 부단히 발버둥 치는 모습처럼 보인다. 그러나 우리가 간과한 것이 있다. 나무의 뿌리가 온전치 못한 상태에서 내는 가지들은 앙상할 수밖에 없으며, 그 가지에서 나오는 열매 또한 건강할 리 없다. 가지가 많으면 많을수록 더 앙상하고 가냘플 것이다. 왜냐하면 뿌리가 튼튼하지 못하기 때문이다. 이제 우리는 하루빨리 깨달아야만 한다. 가지를 많이 내고 그에 맞는 열매를 내는 것에 집중할 것이 아니라, 열정 어린 가지들을 가지치기하고 뿌리 즉, 본질에 집중을 해야 하는 것이 가장 중대하다는 사실을 말이다. 당장은 뿌리가 눈에 보이지 않으니 겉으로 보기에 자라는 것 같지도 않고, 내가 잘하고 있는지 끊임없이 궁금할 수 있다. 그러나 그 뿌리가 어느 정도 자란 순간 줄기가 자라 튼튼한 나무가 되고 튼튼한 나무에서 굳센 뿌리와 강건한 열매가 맺힐 것이다.

중국의 극동지방에서만 자라는 희귀종 '모소 대나무'에 대해 알고 있는가? 이 대나무는 4년을 농부가 정성스레 가꾸어도 땅 위로 보이는 모습이 3cm밖에 자라지 못하기 때문에 타지방 사람들은 왜 이 대나무를 농부들이 힘겹게 심는지 이해하지 못한다. '잘 자라는 게 맞나?' 라며 이들을 의심하고 손가락질하기도 한다. 그러나 농부가 포기하지 않고 끝까지 잘 키우면 5년째부터 갑자기 하루에 30cm씩 자라기 시작하여 어느덧 1달 반 만에 15m 이상 되는 높은 대나무가 되고 울창한 대나무 숲이 이루어진다. 4년간 모소 대나무가 한 것은 단 하나이다. 땅속으로 뿌리를 뻗치는 일이었다. 나다움을 찾아가는 길이 역경이라 느껴질 때가 있을 것이다. 상황이 아닌 본질에 투자해가며 나 자신을 성장시켜가는 과정이 눈에 보이지 않고 결과로 당장 나타나지 않다 보니 주변에서 당신을 바보라고 놀릴지도 모른다. 그러나 끝까지 포기하지 않고 뿌리를 내려 어느 순간 폭풍적인 성장을 통해 자아완성에 도달해가며 유통기한이 없는 행복한 삶을 살고 있는 자신을 상상해보라. 얼마나 멋진 미래의 그림인지 상상만으로도 미소가 절로 지어진다. 그러니 포기하지 마라. 나에 대한 끊임없는 고민을 해왔다면 이제는 올바른 방향으로 실행해야 할 때다.

그래도 코로나19 시대가 펼쳐지면서 많은 사람이 갭이어(Gap Year)의 시간을 많이 갖고자 하는 추세다. 갭이어(Gap Year)의 의미는 잠시 잠깐 학업이나 하던 일을 멈추고 여행이나 다양한 프로그램 참여, 어학연수, 봉사, 자기계발 등 자아를 찾고 정립하기 위해 고군분투하는 시간을 갖는 것을 의미한다. 교육열이 대단한 것으로 유명한 우리나라가 코로나19 시대 이후 대학진학률이 떨어지고 있다며 우려하고 있는 상황이다. 사교육에 관한 관심도 아이를 둔 부모님들과 이야기해보면 아직까진 적다고 말할 순 없겠지만, 이전과는 조금 결이 달라졌다고 느껴질 때가 있다. 다른 아이가 다니는 학원이나 교육을 시키는 것이 아니라, 우리 아이가 원하는 것들을 함께 알아봐 주고 존중해주는 문화가 더 많이 생긴 듯하다. 요즘엔 TV 프로그램들을 통해서도 아이에 대해 이해할 수 있고 정신적인 교류를 어떻게 해야 좋은 방법인지도 많이 다루어준다. 그리고 좋은 부모가 되는 방법과 아이를 보는 시선, 아이가 어떤 행동을 하는 것에 대한 이유를 알려주다 보니 우리 아이들을 이해할 수 있는 눈을 기를 수 있는 기회가 많아졌음을 느낀다. 이제는 우리나라 사회도 물질적인 부분만 부추기는 것이 아니라 정신적인 부분에 대해 더 경중을 무겁게 두고 나아가는 것 같아서 굉장히 만족스럽다.

나는 30살까지도 어떤 한 분야에 대한 깊이 있는 지식 없이 얕고 넓은 경험들만 가지고 있다 보니 전문성이 없다는 핀잔과 평가를 받을 때가 있었다. 그러나 나의 부모님은 항상 나에게 이렇게 말씀해 주셨다. "엄마는 우리 아들이 잘할 것이라 믿고, 한번 해봐. 하면서 배우는 것이고 그게 맞는지도 하면서 알 수 있는 거야. 아들 하고 싶은 것이라면 해봐."라고 말이다. 나의 부모님은 항상 나를 믿어주시고 다 해보라고 말씀해 주셨다. 그래서 여러 경험을 해가며 운이 좋게도 일찌감치 내가 가지고 있는 강점 3가지인 열정 어린 진취성과 스토리텔링에 따른 어감, 위트를 개발할 수 있었고 이 나만의 강점들을 살린 강사의 길을 도전할 수 있었다. 그리고 경험이 쌓이며 그 경험이 센스가 되었고, 그 센스가 상담을 할 때도 발휘되었다. 얕지만 다양한 경험을 했기 때문에 다양한 사람과 공감하며 대화할 수 있는 하나의 무기가 되었고, 직접 몸을 부딪쳐보니 내가 어떤 것이 부족한지 알게 되어 보완해야 할 점들도 생각하고 행동할 수 있게 되었다.

　정말 신기하게도 20~30대 청년들과 상담을 할 때면 그들의 고민과 감정, 겪고 있는 고난과 경험들 중 꼭 1개 이상은 내가 해봤던 일, 경험했던 것, 좋지 않은 일, 힘들었던 감정 등 진심으로 공감할 수 있는 일들을 겪고 있는 것을 발견한다. 덕분에 나는 그들과 일 적으로 형식적인 관계가 아닌 진심으로 공감하며 대화를 할 수 있었다고 생각한다. 만약 내가 주변에서 흥미를 금방 잃는 자극 주의자라는 말을 듣고 그 부정적 신호를 그대로 받아들였다면 지금의 나의 모습은 없었을 것이다. 그러나 그 신호를 차단하고 오히려 강점으로 승화시킬 수 있도록 교육해주신 부모님께 전적으로 감사한 마음을 갖고 있다. 만약 당신이 어떤 것을 좋아하는지 어떤 사람인지 잘 모르겠다면 우선은 나에 대해 명확히 이해하고 그에 따른 다양한 경험들에 도전해보라. 테이블에 앉아서 다양한 검사와 상담을 통해 나에 대해 알아가는 것도 너무나 중요하지만, 그 이후에 알게 된 것을 바탕으로 현장에서 부딪히며 배우는 암묵적 지식을 쌓는 과정이 있을 때 나의 세부적인 강점과 보완해야 할 점은 무엇인지 온몸으로 깨달을 수 있다.

어색한 내 안의 감정 아이와 대화 시도

    사람 안에는 감정이라는 이름을 가진 아이들이 존재한다. 우리가 생각한 것보다 더 많은 감정 아이들이 존재하는데 이 각박한 세상 속에서 살아가다 보면 감정을 드러내지 않고 포커페이스를 해야 할 때가 많아 제대로 감정 아이랑 소통해볼 시간과 기회가 주어지지 않는 것이 현실이다. 어쩌면 우리는 감정을 숨겨야 한다고 직간접적으로 강요를 받는 환경에서 살아가는 것일 수도 있다. 가정의 가장으로서 책임감에 의해서, 맏이로서 동생들과 부모님께 든든한 버팀목이 되기 위해서, 내 감정을 솔직하게 드러내면 사랑하는 사람이 더 힘들어져서, 다른 사람에게 얕잡아 보이지 않기 위해서, 또 누군가는 공적인 자리나 직책이 있어 자신을 바라보는 사람이 많기 때문일 수도 있다.

우리가 감정을 숨기고 살아가는 이유에 관해 묻는다면 다양한 대답들이 나오겠지만, 사실 그 대답들 안에 내재되어있는 우리의 속마음의 공통점이 있다면 무엇일까? 바로 주변 사람들의 시선을 의식하는 것이다. 이런 감정들을 솔직하게 드러내는 내 모습이 다른 사람에게 어떻게 비쳐질까를 무의식적으로 생각하면 감정에 솔직해지기가 쉽지가 않다.

혹시 길을 가다가 사람이 많은 시내에서 넘어져 본 적 있는가? 생각만 해도 이불킥을 할 것이다(괜찮다. 나도 그런 적이 있다). 그런데 잘 생각해보면 이상한 점이 있다. 수많은 사람이 있는 길가에서 넘어져 팔과 다리에 피가 철철 나는데도 옆에서 괜찮냐고 물어보는 친구의 입을 꿰매버리고 싶은 마음이 먼저 들었다는 점이다. 빨리 그 장소에서 벗어나고 싶었고, 화장실에서 물로 씻고 피를 닦으며 엄청 쓰라린 고통을 홀로 감당해야만 했다.

나는 넘어졌을 때 왜 아픈 것을 느끼지 못했을까? 사람들의 시선을 느끼며 부끄러운 감정이 들었기 때문이다. 이런 바보스러운 나의 모습이 남 일 같지 않을 것이다. 감정도 마찬가지다. 참 이상하게도 다른 사람들의 시선을 무의식적으로 생각하는 사람은 그 앞에서 감정이 다쳐도 아프지 않다고 생각한다. 마음이 다쳐 피가 철철 흐르는데도 아프냐고 묻는 사람에게 '괜찮다고 안 아프다고 그러니 조용히 하고 내가 다친 것을 티내지 말아달라'고 이야기하고 싶을 것이다. 그런데 사실 우리는 안 아프지 않다. 아니 매우 아프다. 사람들의 시선을 회피할 수 있는 화장실과 같은 나만의 공간으로 가게 되면 그 아픔을 혼자 눈물로 씻어내고 있을지도 모른다.

또한, 우리가 무언가에 엄청난 집중을 할 때도 다른 감각들이 무뎌질 때가 있다. '이코노미 클래스 증후군'이라는 증세에 대해 들어본 적 있는가? 일반적으로 좁고 불편한 비행기의 이코노미 클래스(일반석)에서 장시간 비행하게 되면 생기는 질환이며, 다리가 붓고 아픈 것이 증상인데 장시간 움직임 없이 앉아있는 환경이 주원인이다. 혈액순환이 되지 않아 피가 정체되고 시간이 지남에 따라 피가 응고되어 피떡(혈전)이 생긴다. 심한 경우에는 혈전이 혈관을 막아 사망에 이를 수도 있다. 이 이코노미 클래스 증후군과 같은 상황으로 사망한 사례가 우리 일상 가운데 컴퓨터 게임을 하는 PC방에서도 일어나 충격을 받은 사건이 있었다. 일명 'PC방 증후군'이라고 불리는데 게임에 너무 집중한 나머지 자신의 몸이 망가지고 있는 것을 알아차리지 못했기 때문에 일어난 사건이었다. 오랜시간 동안 게임에 너무 집중하여 생긴 혈전이 폐동맥을 막으면서 호흡곤란으로 인해 의자에서 일어나자마자 쓰러져 사망에 이르게 된 것이다.

마찬가지로 우리도 치열한 경쟁 사회를 살아가면서 끝없이 상대와 비교를 하고 뒤처지지 않기 위해서 열심히 살아가는 것에 내 온 집중을 쏟다 보면 열정과 패기라는 명목하에 마음이 지치고 힘들어도 힘든지 못 느끼고 살고 있을 수도 있다. 정작 내가 행복해지려고 집중했던 것이 나를 갉아먹고 있을 수도 있다는 것이다. 특히나 지금 이 시기에 힐링과 치유라는 단어에 점점 사람들의 관심도가 높아지는 것을 보면 우리는 이제서야 비로소 조금씩 자신의 마음이 비어있음을 느끼고 있는지도 모른다. 그저 사회가 원하는 대로 열심히 집중하며 달려왔을 뿐인데 그렇게 달린 것이 내 감정 아이를 방치한 것은 아닌지 돌아봐야 한다. 방임되어온 아이는 계속해서 당신을 바라보며 관심 가져주길 웅크리고 앉아 기다리고 있다. 단지 다른 사람들의 시선이 느껴져서, 또는 나만의 삶을 찾기 위해 집중하느라 그 초롱초롱한 눈망울을 애써 외면하고 있던 것뿐이다. 이제는 당신의 눈을 가리고 보려 하지 않았던 내 안의 감정 아이를 들여다봐야만 한다. 이 황량한 사회는 당신에게 '감정 따위 돌아볼 여유가 어디 있냐'고 기회조차 주지 않으려고 당신의 체력과 시간을 뺏고자 노력할 것이다. 그러나 명심하라. 지금이 아니면 평생 돌아보지 못할 것이다. 처리해도 계속 생기는 급한 일을 할 것인가? 아니면 지금 하지 않으면 영원히 하지 못하는 중요한 일을 할 것인가?

현 시대를 살아가는 지금은 착한 마음을 갖는 것도 죄라고 표현하는 세상이다. 적당히 거절할 줄도 알아야 하고, 적당히 착하며, 적당히 친절해야 한다고 방법까지 가르치면서 이슈를 만든다. 마음이 착해서 참았고 너무 놀라서 참은 것인데 착한 사람보다 착한 사람을 이용하려는 사람이 갑이 되어버렸다. 돈을 빌려준 사람이 빌어야 하는가? 빌린 사람이 빌어야 하는가? 누가 배짱을 부려야 하는지 모르겠다. 비 오는 날에 인도를 걷는데 과속하는 자동차에 의해 뺑소니 물세례를 받으면 내 잘못인가?

정신병원에 계신 의사분들은 이야기한다. 정신이 이상 있어서 오는 사람보다 정신이 이상 있는 사람에게 상처받은 사람들이 온다고 말이다. 지금 시점에서 '내 마음과 감정이 왜 이럴까?'라는 고민을 하고 있는 당신은 지극히 정상일 가능성이 크다. 특히나 많은 사람이 바라보는 공적인 자리나 앞에 선 리더는 감정을 숨길 때가 더 많다. 어떨 땐 감정을 갖는 것 자체가 사치라고 느껴지기도 하고, 그 감정을 드러낼 때 구성원들이 보기에 혹시나 자신을 약한 사람으로 보거나 본이 되는 리더의 모습이 아니라고 생각하면 어떻게 해야 하나 고민을 할 때도 있다. 하지만 이제는 시대가 바뀌었다. 능력 있고 완벽한 것만 같은 멋진 리더의 모습도 좋겠지만, 오히려 어느 정도의 실수와 인간미 있는 리더의 모습을 더 좋아하며, 자신이 갖고 있는 역경을 이겨내는 모습을 보여주는 리더를 더 선호한다고 한다. 감정을 드러내는 것이 익숙하지 않은 우리에게는 솔직하게 감정을 인지하고 표현하는 행동이 많은 용기가 필요하다는 것을 잘 알지만, 오히려 그런 모습을 사람들은 더 좋아하며 내 정신건강에도 도움이 된다. 그러니 지금 당신이 감정아이에게 내민 따뜻한 손길 한 번으로 미래에 더 건강한 감정을 통해 자기 자신과도 주변 사람들과도 원만한 관계를 유지하는 데 도움이 될 모습을 생각한다면 지금 내 감정아이를 돌아보는데 시간을 투자하는 것이 현명한 판단일 것이다.

　이전만 하더라도 통상적으로 사람의 감정에 대해서 크게 6개로 구분했었다. 행복, 슬픔, 분노, 놀람, 두려움, 혐오로 말이다. 물론 감정을 표현하는 단어의 개수를 세부적으로 세면 수백 개가 넘으며, 얼굴로 표현되는 이론상의 감성적 표현이 16384개가 된다는 말을 들을 때면 우리가 표현하지 못하지만 존재하는 감정이 굉장히 많은 것을 알 수 있다. 하지만 가장 최근 연구결과를 토대로 사람이 일반적으로 많이 쓰는 감정이 27개의 감정인 것으로 도출하여 발표했다. 즐거움, 흥분, 흥미, 기쁨, 만족, 성적 욕망, 감탄, 심리적 감상, 동경, 경외, 향수, 안도, 로맨스, 평온함, 갈망, 몰입, 불안, 분노, 어색함, 지루함, 혼란, 혐오, 공포, 슬픔, 놀람, 공감성 고통, 두려움으로 구별된다. 눈치챘겠지만 의도적으로 감정 단어를 긍정적인 영향을 줄 수 있는 단어와 부정적인 영향을 줄 수 있는 단어로 나누어 배열하였다. 감정이란 것이 나쁜 감정이라고 할 만한 것은 없지만, 부정적인 영향을 줄 수 있는 감정은 있다. 앞서 감사일기를 쓰면서 느껴봤겠지만, 긍정적인 영향을 주는 감정은 인지함과 동시에 배가 되고, 부정적인 감정은 그 감정을 인지하는 것부터 시작하여 빠르게 벗어날 수 있도록 도와준다. 따라서 감정에 조금 더 초점을 맞추고 싶다면 감사일기 대신 '감정일기'를 써보는 것도 추천한다. 그렇게 나의 감정과 사건에 대해 쪼개어 생각하다 보면 나의 가치관에 따른 감정들을 이해할 수 있다. 단순하게 좋았다 · 싫었다가 아니라 상황과 감정을 구체적으로 나누어 적어보며 자세한 감정 상태와 이유를 인지 및 이해할 수 있다.

감정 일기 쓰는 법

1. 오늘 나의 하루 중 기억에 남는 사건을 선택한다 (1개에서 여러 개를 골라도 상관없다.)

2. 먼저는 감정과 그 감정이 든 이유를 배제하고 사건에 대한 사실만을 구체적으로 적는다.

3. 그 사건에서 느낀 나의 감정을 적는다 (위의 27개 감정에서 적어도 좋고, 더 구체적인 다양한 감정 단어들을 적어도 좋다.)

4. 그 감정이 든 이유를 적는다.

5. 감정에 숨어 있는 나의 가치관을 확인하고 행동할 수 있는 것이 있다면 적는다.

ex1)

- 사건 나는 오늘 퇴근 후에 패밀리 친구들과 다 같이 모여서 저녁 식사를 하고 커피숍에 가는 약속이 있었다. 저녁이 늦어지자 점점 비가 오고 있었고 우산을 가져가지 않은 내가 걱정됐던 남자친구는 나한테 전화를 여러 번 하였다. 나는 핸드폰을 가방 안에 넣어두었기 때문에 전화 온 지 몰랐고, 한참을 수다를 떨다가 화장실 가는 김에 핸드폰을 보았는데 남자친구에게 부재중 전화가 찍혀있는 것을 보았다. 그제야 전화를 걸었지만 결국 연락문제로 남자친구와 크게 다투었다.

- 감정 비가 와서 나를 걱정해주는 남자친구의 마음이 너무 이쁘고 사랑받는다는 느낌을 받았었는데, 전화를 했을 때 내가 매번 연락문제가 있다면서 몰아세우고 화내는 모습을 보면서 서운함과 속상한 감정이 들었다. 그리고 내 연애 방식 때문에 남자친구가 힘들어하는 것 같아 죄책감도 들었다.

- 감정이 드는 이유 연락을 잘 하지 못하는 것은 내가 너무 예민한 성격이다 보니 연락을 하는 행동 자체가 많은 에너지를 써야 하는 행동인데 이런 부분을 남자친구가 이해해주지 못하는 것에 서운함이 들었다. 사람과 대화할 때 핸드폰을 잘 보지 않고 넣어두는 것도 앞사람에 대한 예의라고 생각하기 때문인데 이런 총체적인 부분들을 연락문제라고 치부하며 이야기하다 보니 속상했다. 그리고 내가 남자친구에게 좋은 사람

이 되어주지 못하는 것 같아 죄책감이 들고 미안했다.

  - 가치관 확인 및 행동 과거에 친구에게 크게 배신당한 적이 있어 친한 사람과 연결이 끊어지는 것에 대한 두려움이 있는 것 같다. 그래서 더 대화하는 상대에게 집중하고 있는 모습을 보여주며 '나는 너와 연결되어 있어'라는 뉘앙스를 보여주고자 핸드폰을 넣어두는 자신을 알게 됐다. 이런 나의 가치관과 감정을 남자친구에게 용기를 내서 말해본다면 더 서로 이해할 수 있는 계기가 될 것 같고, 서로 좋은 사람이 되어줄 수 있지 않을까 싶다.

  ex2)

  - 사건 오늘 팀 프로젝트 회의 일정이 저녁 12시에 끝나게 되었는데 회의 장소가 집까지 걸어서 2시간 정도 걸리는 거리였다. 택시 타기엔 금전적인 부담이 되기도 했고 피곤하지만 돈을 아끼기 위해 어쩔 수 없이 걸어서라도 가야겠다고 생각하고 출발하려 했다. 그러자 한 팀원이 괜찮냐며 나를 걱정해주었고 자신이 차가 있으니 집까지 태워다 드리겠다고 말해주었다. 하지만 나는 이전에도 여러 번 집까지 태워줬던 팀원에게 "매번 태워다주지 않아도 된다. 괜찮다."라고 역정을 내며 거절하였고 결국 2시간을 집에 걸어들어왔다.

  - 감정 일정이 늦게 끝나 너무 피곤한 상태였다. 팀원도 나만큼이나 피곤할 텐데도 불구하고 태워다주겠다는 말에 나는 갑자기 욱하며 화가

나는 감정을 느꼈다. 나를 걱정해주는 마음은 알겠지만 그날따라 피곤해서 더 예민하게 반응하고 화까지 내게 되었다. 시간이 지나 감정이 조금 가라앉은 상태에서는 불안한 마음이 들었고 팀원에게 미안했다.

- 감정이 드는 이유 나를 심히 걱정하는 모습이 무의식적으로 마치 내가 나약해진 사람이 된 것같이 느껴진 것 같다. 나는 항상 강해 보이고 리더의 모습을 보여주어야 하는데 다른 사람들이 보기에 약한 모습처럼 보여진 것 같아 그것을 방어하기 위해 화를 낸 것을 인지했다. 또한, 피곤한 상태에서 마음의 여유가 없는 상태라 더 민감하게 반응을 했다. 혹시나 내가 했던 날이 선 말에 팀원이 상처를 받진 않았을까 걱정과 불안한 마음이 들었고 미안했다.

- 가치관 확인 및 행동 나는 걱정과 위로를 받는 것이 마치 내가 약한 사람이 되는 것 같은 두려움을 느끼는 것을 알게 됐다. 그래서 나는 '타인에게 도움을 받는 것을 어색해하는구나'라고 알게 되었다. 내가 걱정과 위로가 불편한 사람이라는 것을 팀원들에게 이해시켜주지 못하고 소통을 하지 못한 자신을 바라보며, 앞으로는 자존심을 내려놓고 도움을 건네받게 되면 고맙다고 인사를 하고 다음에는 내가 도움을 줄 수 있는 방면을 생각하는 것이 나에게도 상대에게도 상처를 주지 않는 방법일 것 같다.

자고로 감정은 내면의 상태와도 관련이 있다. 불과 같은 성질의 성격을 가지고 있다 하더라도 내면이 건강할 때는 리더십으로 나올 수 있겠지만, 내면이 불건강할때는 분노와 화로 표출될 수 있다. 또한, 물과 같은 성질처럼 다른 사람에게 잘 맞춰주는 성격을 가지고 있다면 내면이 건강할 때는 융통성 있고 상대를 편안하게 하며 친해지고 싶은 사람이 될 수 있지만, 내면이 불건강할때는 우유부단하고 결정장애를 겪는 사람으로 비치기 쉽다. 그래서 내 감정과 친해짐과 동시에 내면의 건강을 돌아볼 수 있는 사람이 된다면 지금보다 더 성숙한 사람이 될 것임에 틀림없다.

유명한 인디언 우화에 이런 스토리가 있다. 한 노년의 인디언이 손자에게 내면에서 일어나는 크나큰 싸움에 관해 이야기를 했다. "우리의 마음 안에는 두 마리의 늑대가 있단다. 한 마리는 하얀 늑대인데 평화, 사랑, 희망, 친절, 관대함으로 가득 차 있지. 다른 한 마리는 검은 늑대인데 분노, 시기 질투, 슬픔, 열등감, 탐욕들로 가득하단다." 손자가 묻는다. "그럼 어느 늑대가 이겨요?". 노년의 인디언이 대답한다. "네가 먹이를 주는 늑대가 이기지". 우리의 감정은 이와 같다. 내가 집중을 하는 감정이 계속해서 자라게 된다. 내가 평상시에 계속해서 먹이를 주고 있는 감정은 무엇인가? 그 감정은 긍정적인 영향을 주는 감정인가? 부정적인 영향을 주는 감정인가? 그 안에 담긴 당신의 무의식적 방어기제는 무엇인가? 이것을 인지하고 들여다볼 수 있는 눈이 생긴다면 그 또한 이해하고 안아줄 수 있으며 더 나아가 변화할 수 있다.

제3장
'인지'를 넘어 '이해'로 가는 길

조각들을 모아 완성된 '나'라는 퍼즐

앞서 소개했던 것처럼 우리의 현재 성격은 타고난 기질을 제외하고는 과거의 다양한 환경과 영향을 받아 만들어지게 된다. 부모님, 형제자매 및 주변 사람들, 여러 사건을 통해서 말이다. 그래서 현재 모습을 하나씩 추상적으로 인지했다면 이제는 완전한 이해에 도달하는 과정이 필요하다. 나를 온전히 이해하게 되면 저절로 자신을 사랑하게 되고 자존감과 자신감이 올라간다. 더불어 다른 사람이 조금씩 이해되기 시작할 것이다. 그러면 여러 사람을 품을 수 있는 넓은 마음그릇으로 변화할 수 있다. 지금의 시대는 더더욱 사람에 대해 이해하는 것이 선택이 아닌 필수조건이기 때문에 이런 과정이 어렵고 정신적인 체력과 시간을 많이 써야 하지만, 나는 이보다 더 좋은 미래투자는 없다고 단연코 자신한다.

이런 중요한 나다움을 찾아가는 과정은 마치 퍼즐을 맞추어 가는 것과 같다. 집에서 조용히 퍼즐을 맞춰본 적이 있는가? 퍼즐을 가장 빠르게 완성하기 위해서는 제일 먼저 무엇을 해야 할까? (라면을 끓일 때 면과 스프보다 물을 먼저 넣어야 한다는 뉘앙스의 질문이 아니다) 바로 퍼즐의 테두리를 맞추는 것이다. 속이 빈 네모모양의 테두리가 완성되면 그때부터 하나씩 속을 채워가면 빠르게 완성할 수 있다. 마찬가지로 '나'라는 퍼즐을 완성하기 위하여서 가장 먼저 해야 할 일은 나에 대한 기본적인 틀, 즉 겉으로 드러나는 나를 인지하는 것으로부터 시작된다. 만약 당신이 전문 심리상담사에게 심리상담을 받을 수 있다면 너무나 좋겠지만 그것이 어려워 혼자라도 자신을 이해하는 과정에 발을 딛고 싶다면 지금부터 잘 따라오길 바란다.

먼저는 현재 나의 성격적인 장단점을 각각 5가지 이상씩 써보라. 과거에 검사를 하며 크게 와닿았던 것도 괜찮다. 또는 주변에서 내 성격에 관해 이야기해주었는데 나도 같이 공감하며 알고 있는 것도 좋다. 이렇게 적으라고 하면 꼭 이런 질문을 하는 사람이 있다. "쌤, 각각 5개씩 다 채워야 하나요? 너무 어려운데요". 나도 그 마음을 이해한다. 한 번도 '나'라는 사람에 대해서 진지하게 곰곰이 생각해보지 않은 사람들에게는 성격적인 장단점을 5가지 이상 적는 것부터도 어려울 수 있다는 것을 잘 알고 있다. 그러나 이렇게 시간이 주어진 만큼 진지하게 자신에 대해 고민해보고 적어보는 것을 추천한다. 아무리 생각해도 정말 모르겠거든 옆에 있는 아내나 남편, 죽마고우 친구들에게 물어보라. 그들은 나보다 나에 대해 더 정확하게 알고 있을 수 있으며, 당신이 일주일간 고민한 것이 무색할 정도로 그들은 1초도 고민하지 않고 당신의 심장을 후벼 파 줄 수 있는 사람들이기 때문이다.

그다음으로는 상처받은 내 가슴을 여미고 본격적으로 심리검사 문항들을 풀어가자. 여러 가지 검사 종류가 많이 있지만, 나의 경험상 무의식의 세계를 조금 더 꼼꼼히 살펴보고 싶다면 '에니어그램 성격유형 검사'를 추천한다. 검사를 할 때 반드시 주의해야 할 점은 스스로 마인드 컨트롤을 잘해야 한다는 것이다. 현재의 나의 성격에 대한 객관적 평가를 하기 위해 검사하는 것이지 내가 원하는 이상향의 모습을 알고자 하는 것이 아니다. 이를 의도적으로 의식하지 않고 문항들을 보며 선택해 내려가다 보면 어느덧 내 현재의 모습이 아닌 원하고 바라는 모습을 체크하여 검사 결과가 의미가 없어질 수 있다.

또한, 1점부터 5점까지(매우 그렇다=5점, 그렇다=4점, 보통이다=3점, 그렇지 않다=2점, 전혀 그렇지 않다=1점) 숫자를 기재하게 되어있다면 중간의 3점인 '보통이다'를 많이 선택하면 결과 또한 모호한 결과가 나올 수 있다. 상황에 따라 이런 면도 저런 면도 있어 중간인 '보통이다'를 체크하는 것은 괜찮지만, 생각을 깊게 하지 않고 귀찮다는 듯이 애매하다며 '보통이다'를 지나치게 많이 체크한다면 결과도 부정확하게 나오게 될 수 있다. 그러니 상황에 따라 양면성을 다 가지고 있는 모습을 제외하고는 중간에 해당하는 점수는 체크를 지양하는 것도 더 정확한 결과를 도출하는 방법 중에 하나이다.

모든 체크를 마쳤다면 이제는 처음에 내가 적은 장단점 5가지와 검사 결과를 비교해볼 것이다. 나의 주관적으로 적은 장단점 5가지와, 비교적 객관적인 검사 결과를 보면 느껴지는 바가 분명 있을 것이다. 어떤 설명에 대해서 '나는 아닌데?'라고 생각되는 부분이지만 주변에서 나를 제외한 모두가 공감하는 사항이 존재한다면 조심스레 자신의 자존심을 내려놓는 것도 바람직하지 않을까 생각한다.

나를 예시로 보자면 나는 스스로가 신념이 강한 사람인 줄 알았다. 누구에게도 지지 않을 강한 진취성으로 앞으로 나아갈 추진력을 가지고 있는 정신의 그 밑바탕에 강한 신념을 이유로 들곤 했다. 그런데 나 빼고 모두가 신념이 아니라 고집이라고 이야기를 한다. 근거까지 들이밀면서 나의 기분 상태에 따라 바뀌는 모습을 통해 일목요연하게 설명해주는 것을 듣고 있으면 차마 반박을 할 수가 없었다. 마음에 상처가 됐지만, 이것이 나의 자존심을 내려놓을 좋은 기회였다. 사람은 자신에게 지나치게 관대하다는 점을 생각하면 사실상 이상할 문제도 아니다. 검사 결과에 대한 부분과 내가 검사 전에 적은 장단점에 일치하는 부분이 몇 개정도 있는가? 그 개수가 의미하는 바는 겉으로 드러나는 나의 성격에 대해 평소에 얼마나 인지하고 있는지 알 수 있는 척도가 된다.

이제 다음 퍼즐 조각을 맞추기 위해 우리가 해야 할 것은 '부모님의 양육방식'에 대해 생각해보는 일이다. 부모님의 양육방식은 크게 4가지로 나누어지게 된다.

- **축소 전환형** 아이가 느끼기엔 너무나 큰 감정을 부모의 기준 하에 별일 아닌 것처럼 축소하여 해석하고 관심을 다른 것으로 돌리는 유형 (회피적인 성격 형성에 영향)

- 억압형 감정을 드러내는 것 자체를 비판하고 꾸짖는 유형 (순응 또는 반항적인 성격 형성에 영향)

 - 방임형 감정을 공감은 하지만 그 감정에서 벗어날 수 있게 행동 전환을 시켜주지 못하거나 행동의 한계를 제시해 주지 못한다. 주로 맞벌이 가정 및 감정적 방치로 인한 유형 (공상적 또는 감정적인 성격 형성에 영향)

 - 감정 코칭형 모든 감정을 인정하고 행동의 한계를 알려주어 스스로 해결방법을 찾을 수 있게 도와주는 유형

위의 양육방식 중 건강한 양육방식은 '감정 코칭형'이다. 그러나 우리 대한민국에서 감정 코칭형의 부모님보다 다른 3가지 유형에 해당하는 부모님이 더 많이 생각나는 이유는 무엇일까? 우리 부모님은 지금보다 더 힘든 과거의 현실에서 감정에 대해 배울 기회와 여력이 없는 환경을 극복하며 살아오셨기 때문이다. 또한, 어느 하나의 유형이기보다 2가지에 해당하는 부모님인 경우도 있다. 우리가 부모님의 양육방식 유형을 생각해보는 이유는 부모님에 대해 이해하고자 하는 것도 있겠지만, 어느덧 그 영향을 상당히 받은 내 모습을 바라보기 위함이 더 크다. 이쯤 되면 부모님을 생각하는 시선도 조금은 달라졌을 수도 있다 (적어도 나는 그랬다). 그리고 만약 내가 부모의 입장이 되는 순간에 놓인 사람이라면 나의 영향을 받은 내 자녀들의 모습까지도 생각해봤을 것이다. 이렇게 인지하고 이해해가는 과정의 중요성을 내가 다시 강조하지 않더라도 스스로 '아~'라는 감탄사를 내뱉으며 이해가 되고 있다면 '나'라는 퍼즐의 겉

테두리 조각들을 잘 맞추었다고 볼 수 있으며, 지금 우리는 조금씩 퍼즐의 가운데 조각들을 채워가는 중이다.

현재의 나의 성격은 과거의 상처를 통해 만들어진다고 배웠다. 과거의 상처는 크게 3가지로 나뉘게 되는데 가장 많은 영향을 주는 첫 번째는 '부모님'이다. 그래서 우리는 앞서 부모님의 양육방식을 알아보았다. 두 번째는 '형제자매나 다양한 사람들', 그리고 마지막으로 '다사다난한 사건들'을 통해 성격에 영향을 미친다.

지금부터는 나의 성격 형성에 영향을 준 사람들과 사건들에 대해 무의식 속 생각들을 꺼내보고 현재의 나와 연결 짓는 작업을 할 것이다. 빈 A4 종이를 한 장 준비하여 가로로 길게 내 앞에 놓자. 그리고 왼쪽 끝에 세로로 직선을 긋고, 그 직선 가운데로부터 시작하여 오른쪽 끝까지 직선을 그린다. 그러면 모음 'ㅏ' 모양이 될 것이다. 종이의 왼쪽 세로 직선의 높낮이는 '감정 점수'이며 가운데 중심을 0으로 보고 위로 +10까지, 아래로 －10까지를 나타낸다. 해당 사건의 좋은 감정의 정도를 플러스(+) 점수로 계산하고, 나쁜 감정의 정도를 마이너스(－) 점수로 계산한다. 그리고 종이의 가로로 그은 직선은 '나이'를 의미하는데 가장 왼쪽을 0살부터 시작하여 오른쪽 끝에 내 현재 나이를 적거나 미래의 나이로 적어도 좋다. 이제 과거 여행을 떠날 준비가 끝났다. 한쪽으로 종이를 밀어두고 새로운 종이를 꺼내 리스트를 적는 것을 시행해볼 것이다.

당신이 기억하는 과거의 가장 어렸을 때는 언제인가? 그때로부터 지금까지 살아오며 기억나는 30개 이상의 일들을 적을 것인데, 단순히 리스트만 적는 것이 아니라 그 옆에 감정 점수의 숫자까지 함께 기록해보자.

이 말이 끝나자마자 나에게 또 질문하고 싶을 것이다. "아니, 성격 장단점 각각 5개씩 적는 것도 머리 아팠는데 인생을 돌아보며 30개 이상의 기억나는 일들을 적으라고?". 제대로 읽은 것이 맞다. 30개 이상을 반드시 적어야 한다. 그만큼 적다 보면 '이렇게 작은 사건도 적어도 될까?'라고 생각되는 것까지도 다 적게 될 것이다. 내가 수십 년간 살아오면서 나의 기억 속에 남아있는 일들은 내가 보기에 작은 사건으로 생각한다고 할지라도 뇌와 몸에 기억으로 남았다는 것 자체만으로 좋은 일이든 나쁜 일이든, 나에게 영향을 준 사건임은 분명하다. 왜냐하면, 그렇게 떠오르는 기억들은 내가 의도적으로 '기억해야지!'라고 노력해서 암기한 기억들이 아니기 때문이다. 그렇게 30개 이상의 과거 기억 리스트를 적었다면 아까 옆으로 밀어두었던 종이를 가지고 와서 해당 사건의 나이와 감정 점수에 따라 점을 찍고, 시간 순서대로 점을 연결하면 당신의 인생 그래프가 그려지게 된다.

마치 병원에서 살아있는 사람의 심장박동측정기 모니터를 보는 것처럼 오르내리는 모습을 보며 생각하기를 나는 순탄한 삶을 살아왔다고 생각했는데 그렇지 않은 모습에 놀랄 수도 있다. 좋은 반응이다. 나에 대해서 인지하고 이해해가고 있다는 증거일 테니까 말이다. 심장박동측정기에서도 그렇게 계속해서 오르내리는 것이 살아있다는 의미이며, 일자(―)로 쭉 간다면 죽은 사람을 나타내는 것처럼, 우리의 인생 그래프도 생각지 못하게 오르내리는 것을 보며 충격받기보다 내 삶을 살기 위해 열심히 살아왔음을 스스로 대견해 하며 칭찬해주어야 한다. 그런 모든 경험으로 인해 지금 현재의 멋들어진 내가 존재하는 것이니까 말이다.

나도 당신과 이 길을 함께 걷기 위해 나의 대략적인 인생 그래프도 아래에 적어보았다. 용기를 갖고 적다 보면 생각보다 쉽게 30개 이상 적게 될 것이다. 과정이 부끄러울 수 있지만 분명 뜻깊은 시간이 될 것이다. 자 이제 책을 덮고 과거 여행을 떠나보자.

① **13살** 친구가 서울로 이사 가기 전 마지막으로 동네 국숫집에서 국수를 먹으며 의리 다짐 / -5

② **14살** 친구 돈을 도둑질하다가 걸려 엄마가 알게 되었고 발가벗고 허리띠로 맞았음 / -10

③ **14살** 처음으로 잘 맞는 연애의 감정을 느낌 / +5

④ **15살** 믿을만한 단짝 친구를 만나 의지하며 형제 우애를 갖게 됨 / +6

⑤ **16살** 대형마트에서 식당 이모가 엄마를 할머니라 이야기해서 상처받음 / -8

⑥ **17살** 학교에서 왕따를 당해 자신의 정체성을 잃어버림 / -9

⑦ **17살** 내가 힘들 때 나의 손을 잡고 도망쳐준 친구의 고마운 손길을 느낌 / +8

⑧ **18살** 가정형편이 어려워 급식 지원대상임을 모두가 알게 되어 부끄러웠음 / -7

⑨ **18살** 여자 중학생 후배가 집 앞과 학교 앞으로 찾아와 좋아하는 감정을 고백받음 / +5

⑩ **19살** 말수가 많이 없으신 아버지의 눈물을 처음으로 보았고, 그때

하신 말씀에 마음이 찢어져 공부해야겠다는 다짐을 하게 됨 / -10

⑪ **19살** 처음으로 공부라는 것을 제대로 해보며 수업시간에 대답하는 내 모습이 뿌듯했음 / +6

⑫ **19살** 대학교라는 곳을 못 갈 것으로 생각했던 내가 공부해서 수능 보고 합격했다는 대견함을 느낌 / +9

⑬ **20살** 같은 대학교·학과에서 CC로써 성인다운 연애를 하게 됨 / +8

⑭ **21살** 군대를 감 / -10

⑮ **23살** 제대 후 부모님의 아픈 모습을 보며 책임감과 막중한 무게감을 느끼고 학업 공부와 성공을 위한 경험에 열중함 / -10

⑯ **24살** 지식재산 공모전 최우수상 받으며 특허 출원하게 됨 / +9

⑰ **25살** 데일 카네기 리더십 과정을 패밀리 선배·친구들과 함께 합숙하며 수료함 / +6

⑱ **25살** 전공을 재밌고 쉽게 가르치는 공모전을 통해 선한 영향력의 중요성 깨달음 / +8

⑲ **26살** 언론기업 인턴으로 들어갔을 때 이사님께 대대적인 인정을 받음 / +7

⑳ **26살** 나에 대해 이해할 기회를 얻게 되고 이후 재능을 살려 재능기부 강사 활동 시작함 / +10

26살 결혼을 생각한 여자친구와 헤어짐 / -8

27살 부모님께서 자칫 돌아가실 수도 있는 큰 수술을 8시간 동안 받으심 / -10

28살 회사와 강사 · 상담 활동의 병행으로 인해 체력적으로 아주 힘들었으나 가족 같은 형님을 만나 의지하게 됨 / +8

29살 처음 농촌봉사를 하면서 자연과 동물에 대해 체험을 하게 되어 만물을 통한 깨달음을 얻음 / +6

30살 첫차가 생겨 그동안 사랑하는 사람들에게 받은 도움만큼 나도 베풀 수 있음에 감사함을 느낌 / +9

31살 영업에서 생각했던 목표를 달성함 / +8

31살 소중한 사람을 눈앞에서 잃게 됨 / −10

32살 공식적인 독서 모임 운영과 독서 인플루언서로서 선한 영향력을 주고받을 사람들을 만남 / +9

33살 부모님의 크나큰 여러 번의 재수술에 대한 걱정과 곧 연세가 팔순을 바라보시는 부모님의 약한 모습을 보게 됨 / −10

33살 그동안의 경험을 바탕으로 책 출간의 기회를 얻게 되어 세상에 좋은 영향력을 줄 수 있음에 감사함 / +10

사실 30대 중반이 되기까지 떠오르는 기억은 무수히 많지만 하나하나 되짚어보며 비교적 축약해서 30개로 적었다. 당신도 적다 보면 어렸을 때 기억부터 부모님과 있던 일, 사회에서 있던 일, 대인관계에서 있던 일 등 내 무의식 속에 잠겨있던 기억들이 새록새록 올라오는 모습을 발견했을 것으로 생각한다. 그리고 그 사건 하나하나에 감정 점수를 적다 보면 더더욱 그때의 스토리 속 나를 안아주는 따뜻한 마음이 들기도 한다. 이 과정이 퍼즐 조각들을 맞추어 가는 과정이다.

내 삶을 돌아보며 적은 기억 리스트와 인생 그래프를 내 앞에 두고, 이전에 했던 장단점 5개씩 적은 것과 심리검사 결과지, 그리고 부모님의 양육방식 적은 것을 함께 옆에 붙여보라. 그리고 과거의 사건 하나하나가 지금 나의 어떤 모습과 연관이 있는지, 어떤 생각과 행동 즉 가치관을 형성하도록 영향을 주었는지 곰곰이 생각해보며 연결점을 지어보자.

만약 당신이 낯선 사람과 친해지는 것이 두렵다면 어쩌면 과거에 사람에 대한 상처로 인해 다시는 같은 상처를 받고 싶지 않은 내면 속 목소리를 들음으로써 의심과 경계하는 행동 양상을 보이는 것일 수도 있다.

만약 당신이 자신의 감정을 죽이며 이성적이고 현실적인 사람으로 보이고자 노력하고 있다면 어쩌면 부모님과 가정환경 등으로 인해 책임감을 느끼며 살아왔기 때문일지도 모른다.

이렇듯 우리는 과거를 통해 현재의 모습이 만들어진다는 것을 인지하고 이해해보았다. 그러면 과거의 영향을 받아 현재가 결정됐다면, 우리의 미래를 바꾸기 위해선 무엇을 하면 되겠는가? 그렇다. 현재를 바꾸면 된다. 매우 간단한 질문과 답이지만 삶의 통찰을 얻을 수 있는 질의응답이기도 하다. 자신의 과거를 통해 현재를 이해한 사람은 미래를 위한 현재를 살아감에 있어서 결코 터무니없고 헛된 소망에 가득 찬 삶을 살아가지 않을 것이다.

미래를 그리며 한가지 질문을 자신에게 던져보자. 지금의 내 현재 모습 이대로 살아간다면 미래의 내 모습은 어떤 모습일까? 결혼생활에서, 내 사랑하는 자녀에게, 내 남편·아내 되는 사람과, 부모님이나 주변 사람들과의 관계에 있어 어떻게 생각하고 행동하는 내가 그려지는가? 이 질문이 당신의 현재의 인생을 더 좋은 면모로 발전시킬 트리거(Trigger)가 될 거라 자부한다. 왜냐하면, 처음으로 부족한 자신을 진정으로 인정하게 될 것이고, 미래의 목적을 위해 '지금 이대로는 안 되겠어!'라며 조금이라도 성장을 위한 다짐을 하게 될 것이기 때문이다. 나의 과거와 현재를 연결하는 작업을 통해 미래가 더욱 선명하게 그려지기에 이전에 해왔던 다짐과는 다른 결심일 것이다. 이렇게 입체적으로 나를 바라보는 것은 나를 이해하기 위한 필수적인 과정이며 무엇보다 현재가 가장 중요하다는 것을 암시한다. 이제는 과거를 통한 나를 안아주고 이해해주었다면, 온전한 '나다움'을 찾는 자아완성까지의 성장을 위해 현재에 투자하라.

친해진 내 안의 감정 아이를 안아주기

1) 처음으로 마음에 힘을 주는 행동

지금쯤이라면 내 안의 감정 아이와 어느 정도 아이스브레이킹을 하고 어색한 사이가 풀어졌으리라 예상한다. 감정을 드러내고 표현하는 것 자체의 부정적 인식을 벗어던지고 감정 아이에게 다가가는 연습을 하다 보면 불건강하게 표출될 수 있는 감정까지 안아줄 수 있을 정도로 친해질 수 있다. 내 안의 감정 아이와 원활한 소통을 하지 못하고 관계가 어색한 사람은 다른 사람과의 관계에서도 감정적 교류가 원만하지 못할 가능성이 크다. 왜냐하면, 우리의 감정 아이는 '마음 그릇' 안에 담겨 웅크리고 앉아있는데, 마음의 성숙도에 따라 마음 그릇의 크기가 다르고, 그릇의 크기에 따라 감정 아이가 느끼는 심리적 공간의 넓이가 다르기 때문에 감정과 나의 마음 상태는 지대한 관계가 있다. 이 마음과 감정 아이의 상태는 때때로 여러 모양으로 표현되기에 조금만 대화해보면 그 사람이 평소에 얼마나 자신의 내면을 돌아보는지 금방 알 수 있다.

특히나 그 감정 아이가 행동하는 여러 모습은 내 마음 그릇의 건강상태에 따라 말의 온도로 알게 된다. 사람의 말은 마음 그릇에 담긴 진주를 주는 것과 같으며, 마음에 진주를 담고 있는지 돌을 담고 있는지에 따라 상대방이나 나 자신에게 해주는 말이 진주를 받는 '선물' 같은 감정이거나, 돌에 맞아 '아픔'을 느끼거나 둘 중 하나일 것이다. 따라서 내 안의 감정 아이와 관계가 돈독하고 동시에 내 마음 그릇이 견고하고 넓으면 깊이 있는 성숙함을 갖게 되고, 결국엔 그릇에 담긴 돌도 진주로 바꾸어 전해줄 수 있는 사람이 되는 것이다.

어떤 사람들은 다른 사람을 대하는 것보다 자기 자신에게 더 냉정하게 대하는 경우도 있다. 다른 사람이 힘들어할 때는 듣는 모든 것이 공감이 안 되더라도 따뜻한 위로의 말을 건네주면서, 정작 나 자신이 힘들 때는 따뜻한 말을 해주기보다 스스로 깎아내리는 말들을 더 많이 한다. 이것이 반복되면 내 마음속 감정 아이와 사이가 멀어질 것이고 다른 사람과의 관계에서도 사회생활이라는 명목하에 꾸미는 말조차 건넬 수 없게 마음이 강퍅해져 버린다. 그렇기 때문에 먼저는 내 마음 그릇을 보면서 그 안에 담긴 감정 아이랑 친해질 필요가 있다. 진정으로 그 아이와 친밀하게 되면 내 마음 그릇을 돌아볼 힘이 생기고, 감정 아이의 여러 모양을 다 품을 수 있는 그릇이 되면서 다른 사람과의 진심 어린 소통도 잘 될 것이다.

일상에서 우리는 이런 상황을 자주 마주한다. 마음이 조급하고 여유가 없거나 내면이 불건강 할 때 나타나는 감정에 휩싸이면 평소엔 사소하다 느꼈던 것이라 할지라도 예민하게 반응하고 좋은 말을 하지 못하는 것을 보면서도 알 수 있다. 지나가는 커플을 보면서도 '언제까지나 그렇게 행복할 것 같니'라고 말할 때가 있지 않은가? 그때 나의 마음 상태와 감정적 여유는 어떠하였는가? 어느 정도 충족된 마음과 감정 상태일 때는 세상이 참 아름다워 보이고, 지나가는 예쁜 커플을 보며 아빠 미소가 절로 지어지기도 하며 축복의 말들이 나왔을 것이다. 나 또한 사람을 볼 때 그 사람이 하는 '말 표현'을 많이 보는 편이다. 특히나 그 사람이 조금의 여유도 없을 때 하는 말 표현을 잘 보면 대인관계나 평소 본인에게 해주는 말들이 어떨지 조금은 예상이 되기 때문이다.

평소에도 그렇지만 마음의 상태에 따라 감정이 더 극대화되어 나타난다. 마치 흙탕물을 투명한 컵에 담았을 때 그대로 오래 두면 흙이 아래로 가라앉아 평소에 겉으로 볼 때는 위에 있는 물만 보여 깨끗한 물처럼 보이겠지만, 정작 그 컵을 흔들면 아래 가라앉은 흙이 요동을 치며 본심이 올라오는 것처럼 말이다. 이제까지 감정을 인지하고 이유를 찾아보며 감정 아이와 친해지기 위한 다가감의 연습을 했다면, 지금부터는 적극적으로 친해지고자 마음에 힘을 주고 자기 자신에게 글이 아닌 말로 표현해 보는 연습을 해보길 권한다. 감정일기를 쓴 것을 바탕으로 내 감정 아이에게 이야기해주듯이 구어체로 말해주어도 좋고, 내가 느낀 감정을 존중하는 마음으로 명상을 하면서 이야기해주거나, 혼자 독백하며 속삭여줘도 좋다. 중요한 것은 내가 한 말을 내 귀를 통해 들어먹어 마음 안에 있는 감정 아이에게 전달이 될 수 있도록 말해주는 것이다.

감정 아이와 대화하기 - 예시1

○○아, 너 오늘 많이 서운하고 속상했구나. 너를 걱정해주는 남자친구와 연락문제로 싸우게 돼서 마음이 상했을 것 같아. 서로가 다른 가치관을 가져서 그런 것인데 말이야. 너는 친구들과의 연결성도 중요하게 생각하고 예의라고 생각했을 뿐인데, 다른 것이 아니라 잘못된 것이라고 윽박지르는 남자친구의 모습을 보며 화도 나고 미안함에 죄책감도 들었을 거야. 그치? 과거에 배신당한 적이 있어서 같은 상처를 받고 싶지 않았던 건데. 그래서 그랬구나. 그럴 수도 있지. 괜찮아. 누구 하나의 잘못이 아니라 서로 이해하지 못했던 거잖아. 아직 남자친구와 이런 부분을 대화해보지 않아서 그런 건 아닐까? 네가 왜 그렇게 생각하고 행동하는지 조금은 용기를 갖고 이야기 해보는 건 어떨까?

감정 아이와 대화하기 - 예시2

○○아, 너 오늘 많이 미안했구나. 피곤한 나를 위해 걱정해주는 팀원의 말에 퉁명스럽게 이야기해서 상처를 받았을까봐 걱정이 된 것 같아. 너는 누군가가 위로해주고 걱정해주는게 어색하고 불편한데 말이야. 그 모습이 네가 약해지는 것처럼 보이는 것 같아서 화도 냈던 거야. 그치?

그래서 그랬구나. 그럴 수도 있지. 괜찮아. 아직 이런 모습을 보여주는게 낯설어서 그런 건 아닐까? 앞으로는 도움을 받는 일이 생기면 기꺼이 받아들이면서 감사하다고 인사하고 다음에 내가 도움을 줄 수 있는 것을 생각해보면 어떨까? 그럼 상대도 상처받거나 무안하지 않을 것이고 너도 미안한 감정이 들지 않아 좋은 관계를 유지할 수 있을 것 같은데.

감정 아이와 대화하기 - 예시3

○○아, 너 오늘 기분이 엄청 좋았구나. 남자친구가 요즘 회사에서도 업무가 많고 퇴근 후에도 해야 하는 계획들을 실천하느라 너를 신경 많이 못써준 것에 대해서 미안하다고 사과 하면서 이벤트도 해줬잖아. 말도 예쁘게 해주면서 "신경 많이 못써줬는데도 불구하고 말없이 이해해주고 믿어줘서 고마워"라고 뜻밖의 선물을 준비해주고 말이야. 우리가 함께한 그동안의 소소한 추억 사진들을 모아 영상으로 만들어줬는데, 새벽부터 밤늦게까지 바쁜 일정을 소화하고 씻고 자면 새벽일텐데 그 와중에 이렇게 신경 써서 선물을 준비해준 걸 생각하니까 감동 받았었지. 그래서 네가 기분이 좋았구나. 정말 행복했겠다. 사랑의 또 다른 이름은 잘해줌이 아니라 기다림이라 했던 것처럼 그런 서로를 타박하고 서운한 감정을 드러내기보다 묵묵히 그 사람 곁에서 응원해주며 기다려주면 더 좋은 관계를 유지해갈 수 있을 거라 생각해.

2) 무엇으로도 채워지지 않는 공허한 마음 '내면 아이'

내면 아이란, 사람의 무의식 속에 잠재되어있는 어린 시절의 상처나 트라우마로 인해 생긴 아픈 기억들이 당시 상처받은 아이의 상태로 내 안에 남아있어 성인이 되어서도 영향을 끼치는 걸 말한다. 지나치게 소심하거나 남의 눈치를 보는 모습, 특정한 감정을 불러일으키는 상황에서 화를 내는 이유 등 한 걸음만 뒤로 물러나 이런 모습을 바라보게 되면 그 속에 숨은 원인인 내 마음속 상처를 찾아볼 수 있다. 우리의 육체는 내가 나이를 먹고 싶지 않아도 시간이 지남에 따라 저절로 먹어지지만 마음은 그렇지 않다. 그 당시 상처받고 단절되어 결핍된 마음을 느낀 아이는 보살펴주고 안아주며 치유의 영양분을 주지 않으면 나이를 먹지 못하고 그대로 남아있다. 그러니 세월이 흘러 육체는 어른이 되었다 할지라도 마음은 어린아이로 그저 있게 되는 것이다.

우리가 자주 쓰는 말 중에 '철부지 같다', '나잇값 못한다'라는 말을 종종 대화 중에 사용한다. 사실 우리는 알고 있다. 다만 인지하지 못하고 구사했을 뿐이다. 나는 이런 말을 들으면 어떤 생각이 드는지 아는가? 과연 우리나라에서 내면과 마음에 대한 정신적 교육을 배워본 사람이 상대적으로 많지 않은 가운데 철부지 같지 아니하고 나잇값을 제대로 하는 사람이 도대체 몇이나 될까? 라고 반문해본다. 이제는 인정할 필요가 있다. 우리는 모두 아직 철부지 같고 나잇값을 못 하고 있다는 사실을 말이다 (남자들만 나이를 먹어도 철없는 것이 아니다). 왜냐하면, 우리 내면 안에는 어렸을 적 상처받은 아이가 살고 있으며, 한 번도 그 아이에게 귀 기울여준 적이 없기 때문이다. 사람마다 그 상처와 크기가 달라 나와는 다른 모양으로 살고 있을 뿐이다. 우리가 이런 말들을 하는 것도 어쩌면 다른 것을 틀리다고 바라보는 시각 때문은 아닐까? 나를 기준으로 바라보면 상대는 열등한 것이 된다. 나는 팔이 두 개 다 있다고 팔 하나 없는 사람을 손가락질한다면 곧 부끄러움을 당할 것이다. 상대는 두 다리가 다 있는데 나는 다리 하나가 없음을 거울을 보고 나서야 깨닫게 될 테니 말이다. 그 결핍된 감정을 느꼈던 내면 아이는 해소될 때까지 계속해서 감정을 통해 당신에게 호소할 것이다. 나는 이렇게 결여된 사랑을 저런 방법으로 채우고 싶다고 말이다. 그러니 우리는 마음을 들여다봄과 동시에 나의 감정과 가치관, 그에 따른 행동들을 먼저 살펴본 것이다.

이것을 인지하지 못하고 사는 삶은 계속해서 다른 것들로 그 구멍을 메우고자 노력을 하며 살게 된다. 공허한 마음은 마치 내 마음속 구멍과 같아서 그 구멍의 모양에 맞는 것으로 채워주어야 하며, 근본적으로 결핍된 마음을 채워주지 않고 다른 것들로 억지로 채우고자 한다면 이후에는 그 공허함이 허탈함이 되고 허탈함이 무력감으로 찾아오게 될 것이다. 보통은 그 공허한 마음을 채우기 위해 술을 마시기도 하고, 친구를 만나 수다를 떨기도 하며, 다른 사람들에게 하소연을 해보거나, 명예나 목표성취 등의 성취감을 얻어보려 애쓰지만, 일장춘몽처럼 일순간이다. 내면 아이가 원하는 사랑은 그런 것들이 아님을 알게 되면 그제야 허탈함과 무력감을 느끼게 되는데, 나도 내면 아이 상담을 받으며 이 느낌을 느꼈고, 많은 사람들과 상담하는 과정에서도 뼈저리게 느껴왔다. 지금까지 우리는 감정과 마음에 대한 인지 과정을 통해 내면 아이가 나에게 어떻게 호소하고 있었는지 알 수 있었다. 지금부터 나의 내면아이를 온전히 치유하는 과정을 시행해보자.

이전에 했던 인생 그래프와 내가 써왔던 감정일기, 그동안 나를 인지하기 위해 시행해왔던 모든 것들을 눈앞에 두고 또 다른 A4용지 한 장을 준비하길 바란다.

지금 이 시간만큼은 자기 자신에게 이기적이어도 괜찮다. 아니 이기적이어야 한다. 그래야 수십 년간 꽁꽁 싸매진 내면의 공간에서 외치는 내면 아이의 호소를 들을 수 있고 채워줄 수 있다. 오로지 나에게만 집중할 수 있는 환경을 만들기 위해 조용한 방에 들어가 무드등을 켜는 것도 좋은 방법이다. 은은한 향을 피워도 좋고, 마음을 차분하게 해주면서 비교적 음악 속도가 느린 '뉴에이지 피아노곡'을 준비하는 것도 몰입감을 상승시키는데 굉장한 도움을 준다. 그리고 그동안 나를 인지하고 이해하기 위해 노력해온 발자취를 돌이켜보며 이 질문에 대답할 수 있는 사건을 한번 생각해보자.

Q. 나에게 있어 과거에 가장 깊숙이 상처가 되었던 순간과 상황이 있다면 어떤 것일까?

인생의 많은 굴곡과 여러 사건, 다양한 사람들, 부모님으로 하여금 상처받은 것들 등등 생각나겠지만 그중에 가장 많이 상처가 되었던 순간을 한가지 고르면 된다. 이제 그 상황을 떠올리며 준비한 A4용지에 구체적으로 그림을 그려보자. 그리고 그린 그림에서 나에게 상처준 대상과 당시의 어린아이인 내가 나누었던 못이 박힌 대화들을 말풍선을 그려 그 안에 적어본다. 그리고 이후에 2가지를 시행해 볼 것이다.

첫 번째, 나에게 상처를 준 대상에게 직설적으로 편지를 쓰는 일이다. 단, 절대로 그 사람을 이해한다거나 그 사람 잘못이 아니라는 말들을 하며 감싸 안아선 안 되며, 그 당시 하고 싶었지만 하지 못했던 말을 적나라하게 직설적으로 써야만 한다. 비속어를 사용해도 괜찮으니 최대한 필터링을 하지 않은 그대로의 속마음을 표현하면 된다. 다시 한번 이야기하지만, 이 시간만큼은 자기 자신에게 누구보다 이기적이어야 한다.

상처 준 대상에게 편지쓰기 - 예시1

아빠. 나는 아빠가 세상에서 제일 미워. 누군가가 나에게 어렸을 적 기억을 떠올리라고 질문하면 아빠가 술 취한 상태로 집에 와서 엄마에게 소리치고 때리고 물건을 집어 던진 것밖에 생각나지 않아. 나와 동생에게도 욕하고 몹쓸 말 하면서 우리도 때리려고 하면 엄마가 아빠의 바짓가랑이를 잡고 우리보고 도망가라고 소리쳤었지. 나는 우리가 도망가면 엄마가 더 많이 맞을 것 같아서 아빠한테 하지 말라고 소리쳤던 건데 아빠는 그런 나에게도 손찌검을 했지. 다음날 되면 우리에게 미안하다고 사과할 거면서 왜 그러는 거야? 왜 잘못된 걸 알면서 매일같이 반복하는 거야? 나는 아빠를 영원히 용서하지 않을 거야. 그러니까 엄마와 우리에게 용서 따위 구할 생각하지마. 그럴 거면 엄마랑 왜 결혼해서 우리를 낳은 거야. 나는 초등학생 나이밖에 안 됐지만 아파하고 괴로워하는 엄마와 울고 있는 동생을 보고 있을 때면 아빠가 죽었으면 좋겠다는 생각도 했어. 차라리 밖에서 교통사고 나서 죽고 집에 안 들어오면 너무 좋겠다고 아빠를 저주했었어. 심지어 아빠가 화낼 때마다 부엌에 있는 칼을 넋 놓듯 쳐다볼 때가 있었는데 아빠랑 똑같은 사람이 되고 싶지 않아서 참고 또 참았어. 그러니까 이제는 더이상 엄마랑 내 동생 괴롭히지 마. 이 정도 상처 줬으면 충분하잖아.

상처 준 대상에게 편지쓰기 - 예시2

김영희. 너 그때 나한테 왜 그랬어? 나는 새롭게 중학교를 들어가게 되면서 나랑 성격이 잘 맞는 친구들을 찾다가 서연이랑 민서가 너무 좋은 애들인 것 같아서 친해지려고 다가갔고 어느덧 서로가 패밀리라고 부르며 찐친이 됐었는데 네가 뭔데 우리 사이에 껴서 이간질을 한거야? 너 때문에 내가 한 행동들이 다 여우 같은 행동들이 됐고 뒤에서 소중한 친구들을 뒤통수치는 사람이 됐어. 둘도 없는 친구들을 잃었고, 심지어 전교생에게 따돌림을 당하면서 복도를 지나갈 때마다 내가 세상에서 제일 나쁜 여자가 되어버린 말도 안 되는 말들을 들을 때면 기자회견이라도 하고 싶을 정도였어. 괜히 우리들의 사이가 좋아 보여서 질투가 난 것 같은데 너로 인해 내가 얼마나 힘들었는지 알아? 너는 자존심도 없어? 네가 친해지려고 했으면 우리도 너랑 충분히 같이 지낼 마음이 있었을 텐데 꼭 그렇게까지 했어야만 했니? 내가 언제 친구들 뒷이야기하고 다니면서 가면 쓰고 있었고, 민서 남자친구한테 꼬리를 쳤어? 나중엔 선생님이랑 우리 부모님까지도 나를 의심할 때면 죽고 싶은 생각이 들더라. 그래서 나는 평생 너를 용서하고 싶지도 않고, 나에게 뼈 아린 기억을 준 네가 잘되는 모습을 보고 싶지 않아. 나를 엄청 괴롭혔던 것처럼 너도 똑같이 조직 내에서 당해봤으면 좋겠다고 생각했어. 그렇게 뼈저리게 느끼고 더는 다른 사람들한테 피해 주지 말고 살아.

예시들을 보면서 표현의 필터가 없다는 점을 통해 불편하지만 시원한 마음이 동시에 들었을지 모른다. 왜 이렇게 직설적으로 표현하며 자신에게 이기적이어야만 한다고 했는가? 마음 깊숙이 꾸욱 꾸욱 눌러두었던 나의 내면 아이 상처는 오래도록 방치되어, 마치 흙으로 이루어진 땅 깊숙한 곳에 있는 돌처럼 굳어져 버렸다. 즉, 흙이 굳어져 돌이 되듯 사람의 상처받은 마음이 굳어지면 내면 아이가 되어 마음 깊은 곳 어딘가에 응어리져있다. 그러나 우리 인생 처음으로 그 돌을 빼내는 작업을 한 것이 바로 지금 하고 있는 편지 쓰는 과정이라고 볼 수 있다. 땅 깊숙이 파고 들어 굳은 돌을 밖으로 빼내는 일이 쉽겠는가? 엄청나게 어렵고 힘들 것이며 땅의 입장에선 이보다 아픈 일이 있을까 싶을 정도일 것이다. 이렇게 직접적으로 편지를 쓰는 것도 큰 용기와 온 힘을 다해야 쓸 수 있는 일이다. 돌을 빼고 나면 그곳에 커다란 구멍이 생길 것이다. 지금 시행한 '상처 준 대상에게 편지를 쓰는 일'도 잘 해냈겠지만 여기서 끝나선 안 된다. 왜냐하면, 돌을 캐내고 남게 된 구멍을 그대로 두면 또다시 돌이 생길 가능성이 크기 때문이다. 상처를 드러내기만 한다고 해서 치유가 되는 것이 절대 아니다. 오히려 그 감정에 매몰될 수 있다. 그러니 이제는 흙으로 이루어진 땅에서 돌을 팠다면 그 구멍을 메워줄 좋은 흙들을 담아주는 과정이 필요하다. 이것이 바로 우리가 할 다음 순서이다.

두 번째, 현재의 내가 상처받은 당시의 나에게 편지를 쓴다. 지금은 겉으로 어른이 된 내가 그 당시 어린아이였던 나에게 해주는 말들은 내면 아이가 가장 위로받고 듣고 싶은 말을 해주는 것이다. 즉, 내가 나를 위로해주고 토닥여주는 과정이라고 생각하면 이해하기 쉽다. 몸도 마음도 모두 어렸던 당시의 나는 자신이 맞닥뜨린 상황에서 어떻게 행동해야 하는지 몰랐고, 이 마음들을 어떻게 추수하려야 하는지 알 길이 없었다. 그런데 사실 마음은 그대로 남아있지만, 몸은 성장한 지금의 나도 아직 내면을 들여다보는 방법을 잘 모르는 경우도 많다. 한 번도 누군가에게 이런 방법들에 대해 배워본 적이 없기 때문이다. 그러나 아무도 탓할 수 없는 것은 그 누구도 이런 방법을 배운 적이 없으므로 알려줄 수도 없었을 것이기 때문이다.

겉만 꾸미며 살거나 속을 들여다 봐야 한다고 말은 하지만 어느 누가 방법을 가르쳐준 사람이 있는가? 그러니 나도 내 주변 사람들도 모두 마음이 비어있는 공허한 상태로 살아가는 것은 아닐까? 그 마음을 여러 다른 방면으로 채워보려 하지만 채워지지 않는 것을 이제는 본질적으로 채우며 이해해가는 나를 발견하게 될 것이다. 내가 먼저 채우고 내가 사랑하는 사람들의 내면까지도 함께 채워줄 수 있는 장성한 사람이 되길 바란다.

현재의 내가 상처받은 당시의 나에게 편지쓰기 - 예시1

13살의 수혁아. 정말 많이 힘들었지? 아빠를 바라보면서 울분을 토하고 있는 너의 모습을 보니까 너무 안쓰러운 마음도 들지만, 한편으론 장하기도 해. 아빠보다 힘도 없고 북받친 감정에 어찌할 바를 모르고 있으면서도 엄마와 동생을 지키고 싶은 마음이 더 커서 겁이 나는데도 불구하고 아빠에게 소리쳤던 거잖아. 그치? 그런 아빠를 미워하면서도 아빠 같은 어른이 되고 싶지 않아서 삐뚤어지지 않고 더 올바르고 정직한 사람이 되기 위해 애쓰는 모습이 멋지고도 장한 마음이 든다. 어린 나이에 감당하기 어려운 상황과 감정들이 들었을 것이고 이 일이 해결되지 않을 것만 같아서 매일매일 어떻게 하면 좋을지 머리 아프게 고민했었잖아. 감정보다 현실을 앞서 생각하며 책임감 있는 모습을 보여줬었지. 엄마를 도우려고 동생 학교나 밥도 챙겨주며 어릴 때부터 가장의 모습을 보여주려 했지만, 마음 한편에선 너무 힘들었는데 티도 내지 못했었잖아. 엄마 걱정할까 봐 몰래 혼자 울면서 감정을 다스리고 눈물이 나는 거 꾹 참는 것이 서글프기도 했지? 어린 나이에 그런 어려운 상황에서도 양어깨에 책임감이라는 단어를 짊어지며 잘 견디고 이겨낸 네가 대견해.

현재의 내가 상처받은 당시의 나에게 편지쓰기 - 예시2

중학생의 민감한 시절 수정아. 그 시절을 도대체 어떻게 견딘 거야. 너무 억울하고 배신감에 죽고 싶은 감정이 들 정도로 많이 힘들었지? 케미가 잘 맞는 친구들을 사귀게 돼서 좋은 추억 쌓아갈 생각에 기뻤을 텐데 영희라는 아이 때문에 너의 인생 전체가 무너진 것 같은 생각이 드니까 속이 상하다 못해 뭉개졌을 것 같아. 서연이랑 민서는 친자매 같은 친구들이기에 친할수록 더 조심하고 배려했던 건데, 그런 너의 행동들이 뒤에서 친구의 남자친구를 유혹하고 욕하고 다니는 모습으로 소문이 잘못 퍼져서 그건 사실이 아니라고 믿어달라고 너의 심장이라도 꺼내 보여주고 싶었던 거 잘 알아. 나중엔 선생님과 부모님까지도 한마디씩 하는걸 들을 때면 세상에 내 편은 아무것도 없는 것만 같은 외로움에 몸서리가 쳐졌었지. 나는 무슨 일이 있어도 무조건 너를 믿는다는 말과 함께 안아주고 싶어. 얼마나 힘들었으면 엄마에게 편지 쓴 걸 책상 서랍에 넣어두고 매일같이 옥상에 올라갔을까 생각하면 홀로 외로운 싸움을 했겠지만 그래도 힘든 시기를 잘 이기고 죽지 않고 살아줘서 정말 고마워.

이 2가지 편지를 마무리했다면 마지막으로 편지글을 당신의 입을 통해 자신의 귀에 들리게 소리내어 꼭 읽어주길 바란다. 우리는 보통 말을 할 때 내가 말하면 상대가 먼저 듣는다고 생각하지만 그렇지 않다. 내가 한 말은 내가 먼저 듣는다. 혹시 감이 오는가? 당신이 지금 생각하는 것이 맞다. 위의 2가지 편지는 상처받은 내가 하고 싶었던 말과 듣고 싶었던 말이다. 그 말들을 이야기해주는 것은 내가 진심으로 나를 다독여주는 세상 어떤 말들보다도 따뜻한 말이다. 이렇게 내면 아이를 보듬어줄 수 있는 시간을 가지게 된 것에 대해 당신은 인생 처음으로 보람찬 시간을 보냈을 것으로 생각한다. 그만큼 쉽지 않은 일이며 용기가 필요하다. 그 무엇보다 진솔하게 자신과 대화 해봤을 시간이 됐을 것이라 확신한다. 노래 중에 당신은 사랑받기 위해 태어난 사람이라고 불렸던 노래를 기억하는가? 당신은 사랑을 받기에 충분한 가치가 있는 사람이다. 그러나 이제껏 힘들게 살아왔던 삶과 맞바꾼 나의 마음속 결핍은 어느 누구도 채워줄 수가 없다. 그만큼 이 시간이 소중하고 가치 있는 일이라는 것을 우리는 깨닫게 되었다. 지금쯤 돼서 질문 해보고 싶다. 당신은 지금 어떤 마음과 감정이 드는가? 지금 마음에 와닿은 감정선을 꼭 기억해주기를 부탁한다. 언젠간 그 기억이 내가 힘들 때 마음 깊은 곳에서 올라와 나를 붙잡아줄 것이기 때문이다.

'가짜 자존감'이 아닌 '진짜 자존감'을 갖는 것

우리는 일상에서 자존감이라는 표현을 자주 쓴다. 자존감이란? '자아 존중감'을 일컫는 말로써 내 자신의 모습 그 자체만으로도 존중받고 사랑받을 가치가 있다고 느끼는 마음을 의미한다. 이 의미를 잘 봐야 한다. 자아 존중감을 갖기 위해서는 그 이전에 반드시 선행되어야 하는 것이 있다. 바로 '나 자신에 대한 본질적 이해'가 되어야 그 자체를 존중하고 나아가 사랑하기도 사랑받기도 할 가치성을 느낀다는 것이다. 즉, 나에 대한 '자아 존재감'을 이해한 사람이 '자아 존중감'을 가질 수 있다. 자아 존재감이란, 나 자신이 어떤 사람(존재)인지 본질적으로 이해를 하고 있는가를 나타낸다. 따라서 우리는 자신에 대한 퍼즐을 맞춰가는 일들을 지금까지 왜 해왔는지 그 이유를 이해할 수 있다. 자아 존재감은 자아존 중감의 주춧돌과 같으며 '진짜 자존감'을 완전하게 세우기 위한 기초와도 같다.

그렇다면 이 기초인 자아 존재감을 이해하지 못하는 사람은 어떤 모습을 보이게 될까? '진짜 자존감'이 아닌 '가짜 자존감'을 갖게 된다. 여기서 말하는 가짜 자존감은 상대적인 자존감을 의미하며 2가지 양상으로 나타난다. 다른 사람과 비교하여 그 사람보다 내가 우월하다고 생각하면 어깨가 귓불에 닿을 만큼 자존감이 올라간다고 착각하거나, 반대로 다른 사람보다 열등하다고 생각하면 자신을 필요 없는 존재라고 기만하며 상대적 박탈감에 자존감이 내려간다고 오판한다. 이런 상대적인 자존감이 우리가 흔히 자존감이라 착각하는 '가짜 자존감'이다.

평소에 주변 사람 혹은 자기 자신이 자존감이 낮은 사람이라고 생각해 본 적이 있는가? 사실 낮은 것이 아니라 '가짜 자존감을 가지고 있다'라고 표현하는 것이 맞을 것이다. 반대로 말하면 자아 존재감을 이해하는 순간 진짜 자존감을 소유한 사람이 될 수 있다는 것을 의미한다. 그러니 스스로 "나는 자존감이 낮은 사람이야"라고 말할 필요가 없다. 왜냐하면, 우린 그동안 자아를 인지하지 못했고 이해하지 못했을 뿐이기 때문이다. 아이러니하게도 스스로 자존감이 낮은 사람이라고 말하는 순간 그 생각이 내 무의식을 지배하는 것이다. 당신은 절대 자존감이 낮지 않다. 지금부터 자존감을 갖추어 나가기 위한 일만 남았을 뿐이다.

반대로 '진짜 자존감'을 가진 사람은 절대 다른 사람과 비교하여 자신을 평가하지 않는다. 자아 존재감을 인지하고 이해한 사람에게는 다른 사람의 기준과 잣대 따위는 참고사항일 뿐 나의 존재 자체를 말한다고 생각하지 않기 때문이다. 그렇다고 남의 의견을 무시하는 사람이 된다는 말이 아니다. 여기서 오해하지 말아야 할 것은 신념이 강한 것과 자존심을 부리는 것은 다르다는 것이다. 자존감을 바로 세운 후에 다른 사람을 바라본다면 신념이 되겠지만, 자존감을 바로 세우지 못한 상태에서 다른 사람을 바라본다면 자존심만 부리며 소통 안 되는 일명 꼰대 상이 될 수 있다. 그래서 우리가 자존감을 이해하게 되면 자연스레 자신감이 생기게 되고, 자신감을 통한 성취들을 통해 자부심을 느끼며 성장하게 된다.

실제로 어렸을 때부터 이 자아 존재감과 자아 존중감에 대한 교육을 잘해준 부모님께 자란 아이들은 성인이 되어서도 굉장히 차이가 있다. 아이가 하는 말을 귀 기울여 경청해주고, 다른 사람과 비교하며 틀렸다고 하기보다 다른 길을 갈 수 있도록 아이만의 관심과 장점을 먼저 알아봐 주게 되면, 존중을 받은 아이들은 성인이 되어서도 자신의 존재감과 존중감이 다를 수밖에 없다는 것은 충분히 생각해볼 수 있는 문제다. 특히나 부모님이 아이에게 감정과 의사 표현을 잘해주고 다양한 경험을 할 수 있게 열어주는 양육방식 또한 자존감에 강력한 영향을 미칠 수 있다. 이렇게 이야기할 수 있는 이유는 우리 부모님 양육방식의 영향이 나에게 도움이 많이 되었다고 느끼고 자부할 수 있기 때문이다.

지금은 성인이 된 내가 다른 어머님·아버님과 넉살 좋게 대화할 수 있게 된 것도, 부모님께 여느 딸들처럼 사랑한다는 낯부끄러운 표현을 잘할 수 있게 된 것도, 여러 도전과 시도를 통해 내가 어떤 사람인지 일찍 파악할 수 있었던 것도 모두 부모님의 양육방식 덕분이었다. 나는 날마다 이런 부모님께 감사하며 살아간다. 6·25전쟁 피난길을 겪어오신 우리 부모님은 체계적인 교육을 조금도 받지 못하셨고, 금전적으로 변변치 못한 가난한 환경이었기에 아들인 나에게 해준 게 없다고 눈물을 흘리실 때가 많지만 나는 전혀 그렇게 생각하지 않는다. 나의 하고자 하는 모든 도전과 경험들을 위해 빚을 내서라도 남부럽지 않게 많은 것들을 하게 해 주셨고, 나를 찾아갈 수 있게 교육과 응원을 아끼지 않으셨다. 또한, 학교에서는 절대 배울 수 없는 것들을 알려주셨는데 그동안 살아오시며 온몸으로 배우신 인생의 철학과 삶에 대한 가르침을 주셨다. 나는 부모님께 사랑받은 것을 온몸으로 기억한다. 눈, 귀, 마음, 몸 어느 하나 남부럽지 않을 만큼 사랑을 받았다.

우리는 더 이상 부모님을 탓해서는 안 된다. 부모님은 우리보다 훨씬 더 자신을 생각하고 알아갈 수 있는 교육과 시간을 가질 수 있는 세대가 아니셨기 때문이다. 상처받은 내면 아이로 보자면 우리보다 100배는 더 많은 내면 아이를 가지고 계실 것이다. 그러니 비교적 교육의 혜택을 많이 받는 우리는 나잇값을 하고 철이 든 사람이 되기 위해 '진짜 자존감'을 갖는 것이 반드시 필요하다.

지금의 시대는 그 무엇보다 사람이 중심이 되며, 사람 간의 관계와 소통을 빼곤 살아가기가 어려운 세상이 되었다. 이 자존감에 대해 이해한 사람과 그렇지 않은 사람은 공감 능력과 리더십, 의사소통 능력, 성취도에 크나큰 차이가 날것이다. 이미 시작하기 전부터 마인드셋이 다를 것이기 때문이다. "실수할 것 같다", "질 것 같다"라는 것이 아니라 "잘할 수 있을 것 같다", "이길 것 같다"라고 자신감이 충만한 상태에서 시작된 발돋움은 극명한 차이의 결과로도 나타나게 되는 것을 보게 될 것이며, 이는 나의 자부심이 되어 다른 일들에서도 더 많은 추진력을 얻게 될 것을 충분히 예상할 수 있다.

또, 타인의 시선을 받거나 말을 들을 때 우리의 마음속에서 해석하는 언어가 다르게 작동되기도 한다. 누군가 쳐다보면 자존감이 높은 사람은 자신이 멋있거나 예뻐서 쳐다보는 것으로 해석할 수 있는가 반면, 자존감이 낮은 사람은 나를 흉보고 뒷이야기 하는 것으로 해석한다. 같은 말을 듣더라도 그 말의 온도와 어감을 느끼는 사람이 있는가 하면, 괜스레 꼬아서 듣는 사람도 있다는 것을 생각해보라. 예를 들어 "너 오늘 엄청 예쁘다"라는 말을 들을 때 '나는 항상 예쁘지. 나도 알아'로 해석하는 사람도 있겠지만, '내가 평소에는 별로라고 생각했나 보지?'라고 해석하는 사람도 있는 것처럼 말이다.

연인 사이에서도 자존감에 따라 흔히 발생할 수 있는 부분이다. 만약 여자친구가 "오빠 나 오늘 직장에서 내가 되게 냉철하고 팀 내에 사람들과 교류가 적다고 핀잔받았어."라는 말을 들은 남자친구는 두 가지로 대답해줄 수 있을 것이다. "엄청 속상했겠다. 괜찮아? 오히려 반대로 자기는 그만큼 일 처리를 똑 부러지게 잘하고 일목요연하게 딱! 딱! 할 수 있는 사람이기에 직장에서 어린 나이에 누구보다 가장 빨리 승진해서 지금 직책을 가지고 있는 대단한 사람이 되어있는 게 아닐까?"라고 여자친구의 그 자아를 바라보며 대답해줄 수 있는 남자친구가 있다. 그러나 다른 남자친구는 이렇게 대답할 것이다. "대인관계는 다 힘들지. 나도 힘든데. 자기가 냉정할 땐 냉정하긴 해. 나도 가끔 상처받거든".

혹시 생각나는 사람이 있는가? 또는 내가 그렇게 생각하고 행동하는가? 이는 한 번쯤 자신의 자아에 대해 거울을 바라볼 시간이 됐다는 증표

일 수도 있다. 아래 유명한 쿠퍼 스미스의 자존감 테스트 25가지 문항을 당신을 위해 내가 따로 보기 쉽고 계산하기 쉽게 배치하고 문구를 바꾸었다. 시간을 내서 체크해보며 일차원적으로 먼저 돌아보는 시간을 가져보자. 각 문항별로 '전혀 그렇지 않다', '약간 그렇지 않다', '약간 그렇다', '아주 그렇다' 순서대로 1~4점의 점수를 매겨 총점을 내보라.

자존감 테스트 문항 25가지

1. 나는 가끔 내가 다른 사람이었으면 하고 생각한 적이 거의 없다.

2. 나에게는 고쳐야 할 점이 별로 없다.

3. 나는 매사를 쉽게 포기하지 않고 끝까지 해낸다.

4. 나 자신에 대해 내세울 것이 많다.

5. 나는 집을 나가고 싶다고 생각해본 적이 없다.

6. 가족 중에 나에게 관심을 보여주는 사람이 있다.

7 나는 새로운 것에 금방 익숙해진다.

8. 우리 가족은 나에게 너무 지나치게 기대를 하지는 않는다.

9. 우리 가족은 대체로 내 기분을 이해해주는 편이다.

10. 다른 사람들에 비해 나는 사랑을 많이 받는다.

11. 가족들은 나를 미워하지 않는다.

12. 우리 가족들이 나를 잘 이해하고 있다.

13. 나는 다른 사람들과 재미있게 지낸다.

14. 나는 친구들에게 인기가 있다.

15. 대체로 다른 사람들이 내 생각을 따라주는 편이다.

16. 나는 여러 사람 앞에서 이야기하는 것이 어렵지 않다.

17. 나는 외모가 멋진 편이다.

18. 나는 다른 사람이 나에게 의지해도 될 만큼 강하다.

19. 나는 어렵지 않게 마음을 결정할 수 있다.

20. 나는 비교적 남보다 행복한 편이다.

21. 나는 할 말이 있을 때 대체로 그 말을 하는 편이다.

22. 나는 모든 것이 그다지 어렵게 생각되지는 않는다.

23. 나의 대체로 계획과 질서가 있고 안정적인 생활을 한다.

24. 내가 하는 일이 내 뜻대로 잘 되고 있다.

25. 내가 하고 있는 일은 희망적이고 만족스럽다.

1~5번 : 자기비하

6~12번 : 타인과의 관계

13~18번 : 지도력과 인기

19~25번 : 자기주장과 불안

　100점 중 몇 점이 나왔는가? 그 점수가 나의 자존감 점수라고 볼 수 있다. 점수가 높을수록 자존감이 높다고 평가되며, 질문의 숨은 의중을 바라보는 눈이 생긴 지금의 당신은 자아 존재감과 자아존중감이 결합된 질문 문항들임을 손쉽게 캐치할 수 있을 것으로 생각한다. 현재의 점수는 중요치 않다. 앞으로 변화될 우리의 모습이 더 중요한 것이다. 거울을 보는 이유는 얼굴에 묻은 것은 없는지, 이에 고춧가루가 끼진 않았는지 보고 그것을 떼기 위한 것이지 그런 모습을 통해 좌절하기 위함이 아닌 것처럼 말이다. 이렇게 자신을 계속해서 객관화시키고 바라보기 시작하면 메타인지가 생기기 시작한다.

어느 순간부터 우리는 거울을 보는 의미를 오해하고 있는 경우가 종종 있다. 나 또한 당신을 기죽이기 위해 자존감 테스트를 문구를 바꿔가는 노력을 하면서까지 적어둔 것이 아님을 알아주었으면 한다. 나처럼 뻔뻔하게 보이는 사람도 처음에는 점수가 높지 않았다. 이 점수를 기준 삼아 차근차근 나 자신의 '진짜 자존감'을 찾아가고, 이후에 '나'라는 모든 퍼즐이 맞춰지게 되면 다시금 이 페이지를 기억하여 체크해보기 바란다. 그때되면 누구에게도 칭찬을 받을 필요가 없을 것이다. 왜냐하면 바뀐 점수에 자신이 스스로에게 박수를 치고 있을 것을 알고 있기 때문이다.

좋아하는 일을 찾게 되는 기적

"지금 하고 있는 일이 당신의 심장을 뛰게 하는가?" 사회에서는 이런 종류의 질문들을 같은 문맥이지만 다른 문장들로 우리에게 물어본다. 이 질문에 100% 확신하며 'YES'라고 대답할 수 있는 사람이 나를 포함하여 우리 주변에 몇 명이나 될까? 나 또한 이 문장을 수백 수천 번을 고민해 본 사람으로서 현재는 'YES'라고 대답할 수 있게 된 데에는 수많은 과정과 운이라는 것이 따랐다. 그 가운데 가장 도움이 된 2가지 단어를 뽑으라면 단연히 '나다움'과 '경험'이었다고 자신 있게 말할 수 있다.

이전에 나는 '과연 이 세상에 좋아하는 일을 하면서 사는 사람이 있기나 할까?'라고 생각했었다. 좋아하는 일을 한다는 것은 환상에 불과하며, 실제로 본인이 좋아하는 일을 하고 있다고 말하는 수많은 사람도 사실은 그렇지 않은데 연기하고 있는 것이라고 생각했다. 사람들이 원하는 것이 이 부분이니까 희망 고문하며 장사하는 장사치들이 만들어 낸 것이라 여겼었다. 그런데 그렇게 생각한 나에게도 인식이 완전히 180도 바뀌게 해준 것이 바로 위의 두 단어이다. 나다움을 찾기 위한 여정을 떠나며 나에 대한 퍼즐을 맞춰가고, 자신의 가치관을 이해한 상태에서 도전한 여러 경험들이 내가 좋아하는 일이 무엇인지 명확히 알게 해주었다.

무엇보다 내가 가장 좋아하는 일은 2가지인데 첫째는 말을 하는 것이고, 둘째는 사람과 교류를 하는 것이다. 나다움을 찾으며 아직도 내 뇌에 꽂힌 말은 "너의 타고난 신체 부위는 입이며, 자라오면서 타고난 기질을 잘 살려 그 입을 더 발전한 것 같다"였다. 나를 잘 아는 사람들은 이렇게도 이야기한다. "너는 사업가 아니면 사기꾼이 됐을걸?". 사람은 모태에서부터 타고난 재능과 기질이 있고, 자라면서 발전시킨 재능과 성격이 있다. 나는 가슴, 머리, 손, 발이 아닌 입이 타고났으나 인지하진 못하고 살아왔다. 그러다가 프레젠테이션하는 공모전 수상경험들과, 친구들·선배들에게 시험공부를 쉽고 빠르게 학습하기 위한 과외를 해줌으로써 처음으로 인지하게 됐고, 더 명확히 확신할 수 있었던 나다움을 찾는 과정을 통해 이를 살리며 쌓은 경험들이 지금의 나의 모습으로 성장하게 해주었다. 더 나아가 사람과의 소통을 좋아하니 말로써 다른 사람에게 영향력을 주는 것에 희열을 느끼는 진정한 변태가 탄생하였다. 강의 스타일 중에서도 비언어적 표현과 어감을 살리는 것을 통해 나의 스킬을 더 꼼꼼하게 갈고닦을 수가 있었고 지금도 부족하지만, 꾸준히 발전하기 위해서 노력하고 있다. 주변에서는 나를 보며 이야기할 때 '말하는 것과 사람을 너무 좋아하는 돌아이 혹은 미친 사람'이라고 한다. 그런데 나는 그 말을 들을 때면 이상하게도 온몸이 짜릿한 느낌을 받는다. 다른 사람이 볼 때에도 미쳤을 정도로 보인다는 말이 아닌가? 이쯤 되면 이 세상에서 나보다 더한 돌아이가 있을까 싶다. 그러나 나에게 그 말은 어느 칭찬보다 좋은 말로 들리며 나에 대한 확신이 더 견고해지는 말들이다.

그냥 다양하게 많은 경험을 한다고 해서 좋아하는 일을 찾을 수 있는 것이 아니다. 가장 빠르고 확실하게 좋아하는 일을 찾을 수 있는 방법은 '나다움을 깨닫고 그 가치관에 따른 경험을 하는 것'이다. 물론 조금 돌아가는 방법도, 운에 의존하는 방법도 있다. 여러 가지 취미를 경험하다 그 취미가 적성에 잘 맞아서 사업을 하게 되거나 직업이 되기도 한다. 여러 가지 직업을 전전하며 교육을 받고 일을 하다가 능숙해지고 그 일이 좋아지는 경우도 있을 수 있다. 그러나 제한된 시간을 가지고 살아가는 인생에서 그 정도의 도박에 몸을 맡길 정도로 삶의 여유가 있는 사람은 많지 않다.

세상에선 '아님 말고'와 같은 마음으로 사는 사람들도 있다. 일단 해보겠다고 도전하는 마음은 존중한다. 그리고 현실적으로 가지고 있는 것이 많은 사람은 그렇게 해도 괜찮다. 그 정도는 리스크도 아닐 테니까 말이다. 그러나 우리와 같은 평범한 사람들은 한번 발을 잘못들이고 나서 다시 빼는 것이 엄청난 타격과 리스크를 떠안아야 하는 것과 같기 때문에 쉽지 않다는 것이다. 그러니 위험보단 안전을 위해서 좋아하는 일을 찾기보다 해야만 하는 일을 우직하게 하게 되고, 도전의 여정을 떠나기보다 현실적인 괴리감을 느끼며 안정된 삶을 억지로 택할 때가 더 많다는 것이 한스러울 뿐이다. 이제는 왜 제목을 '좋아하는 일을 찾게 되는 기적'

이라고 표현했는지 이해가 되리라 본다. 왜냐하면, 나다움을 찾을 수 있는 기회도 의도적으로 하지 않으면 인생 일대에 단 한 번도 찾거나 시도해보지 못하고 평생을 살아갈 수도 있으며, 나다움을 찾았다고 해도 그 가치관에 따른 경험을 하기 위해 금전적·시간적 투자를 통해 좋아하는 일을 찾을 수 있기 때문이다. 이 두 가지를 모두 행동하고 알게 되는 것은 기적이다. 그러나 그 기적을 당신이 일으키지 못할 리는 없다. 운이 좋아 조금은 일찌감치 깨닫게 된 나 같은 사람도 기적을 느끼고 있다면, 당신도 반드시 좋아하는 일을 찾을 수 있다.

　그럼 좋아하는 일을 하며 사는 느낌은 어떠한가? 그 일을 하러 가기 전부터 설레는 마음으로 준비를 하게 된다. 우리가 처음 연애를 시작하면서 연인과 첫 데이트를 할 때 느낌을 기억할 것이다. 전날 어떤 느낌인가? 그 느낌이 좋아하는 일을 하러 가기 전에 느껴지는 감정과 흡사한데, 마치 온몸이 부서질 것만 같은 짜릿함을 매일같이 느낄 수 있다고 상상해보라. 그런데 중요한 것은 일을 하면서도 내 가치관과 나다움을 보여줄 수 있는 좋아하는 일이 결부되면서 일의 능력과 자부심이 나날이 발전되어 가는 것을 느낄 수 있다는 점이 더 자신의 열정에 불을 지핀다. 시간이 가는 줄도 모르고 온 집중을 하게 되는데, 이 단계가 되면 좋아하는 일이 아닌 사랑하는 일을 하게 되는 지점에 이르게 된다. 사랑은 곧 집중이라고 하였던가? 당신이 연애할 때 카메라 초점처럼 그녀(그)를 제외하고 모든 배경이 흐릿하게 보인 적이 있을 것이다. 온 정신과 집중이 사랑하는 대상에게 맞춰지듯이 말이다.

　이런 기적과 같은 일을 리스크를 덜할 수 있게 조금이라도 더 어렸을 때부터 많은 사람들에게 알려줄 수 있으면 얼마나 좋을까 생각한다. 중·고등학생 때는 주변에서 내가 무엇을 하고 싶은지 물어보는 사람들이 많지 않다. 공부하고 나온 성적을 통해 순위를 세우고, 학생들의 꿈과 미래가 성적표 한 장으로 모든 것이 평가되는 것만 같다. 학생들의 미래를 진심으로 걱정하는 학교들은 직업체험을 할 수 있도록 도와주는 곳들도 있다. 비록 완벽하게 다양한 직업을 경험하는 것은 아니라 할지라도 이런 학교들이 정말 학생들의 미래를 위해 노력하는 학교들이라고 나는 생각한다. 왜냐하면, 이런 어른들의 노력이 없다면 학생들은 틀 안에 갇혀 세상을 바라볼 수밖에 없으며, 자신에 대해 진지하게 고민하고 생각해보지 못한 채로 세상에 나가게 되기 때문이다.

　학교 안에서 배우는 과정들이 삶에 도움이 안 되는 것은 아니지만, 암기식으로 외운 지식만으로 모든 학생의 미래를 평가하는 인식은 자칫하면 경마장을 달리는 경주마처럼, 책상에 앉아서 교과서를 통해서 하는 공부 외에 다른 방향으로 시선을 돌리지 못하게 만드는 것과 같을 수 있다. 그렇게 대학교에 가면 자신의 미래에 대해 알 수 있을 것만 같은 기대에 부풀어 입학하게 된다. 그러나 새내기 때부터 졸업할 때까지 가장 많이 하는 고민이 무엇인가? 자의지로 전공과 비전을 결정했다 하더라도 '이 길이 내 길이다'라는 확신을 가지려고 수년간 근심에 빠져 공부하며 다크서클로 줄넘기 하고 있는 것이 현실이다. 대학생들 중 명확히 나의 가치관과 그에 부합하는 길을 알고 달음박질 하고 있는 대학생들의 비율이 몇 퍼센트가 된다고 보는가. 그렇게 기대가 꺾이는데 1년이 채 걸리지 않는 학생들도 적지 않다.

코로나19로 인해 지금처럼 대학교에 대한 인식이 바뀌기 이전 데이터를 보더라도 대학교 졸업생들이 자신의 전공을 살려서 직업을 선택하는 비율이 51.1%에 그친다는 조사결과가 있었다. 절반이나 되는 사람들이 전공을 살리고 있다면 괜찮다고 아무것도 아닌 수치라고 생각하면 크나큰 오산이다. 그렇게 힘들게 자신의 길을 반 확신하고 선택했지만, 직장인 2명 중 1명은 입사 후 1년 차 이내에 조기 퇴사를 한 수치를 보면 놀랄 것이다. 자신이 좋아하는 일이라고 분석하고 계획해서 철저하게 준비했다 할지라도 경험을 하는 과정에서 그 선택에 후회감이 든다면 얼마나 허무하고 허탈한 마음이 들지는 감히 상상도 할 수가 없다. 자신을 믿고 그동안 열심히 달려왔는데 그 길이 세상과 사회가 나에게 좋은 길이라 세뇌시킨 길이라는 것을 깨닫게 된다면 얼마나 혼란스럽겠는가.

이것이 청년들의 정신력과 자제력의 문제라고 생각하는가? 나에 대해 알지 못하고 경험이 많지 않은 10대 20대 때 결정한 꿈으로 평생을 바라봐야 한다는 점을 고려하면 어른들이 청년들에게 얼마나 잔인한 것을 바라고 원하는지 우리는 생각해봐야 한다. 코로나19 시대 이후로는 대학교에 대한 우리의 고정적 관념이 조금은 부드러워졌을지 모르겠지만 여전히 우리의 실태는 크게 달라지지 않았다. 지금이라도 늦지 않았다. 다른 사람들은 평생을 흙으로 다시 묻히기 전까지 이해하지 못하는 꿈같은 삶을 우리는 이미 시작한 셈이기 때문이다. 나이대가 어떻든지 전공과 직업이 어떻든지 어떤 꿈과 미래를 생각해왔든지 하나도 상관없다. 우리는 모든 인간이라면 공통으로 가진 근본적 판도라 상자를 여는 작업을 해왔기 때문이다. 여기까지 온 자신에 대해 자랑스럽게 여겨도 된다. 당신은 충분히 잘해왔다. 설령 당신이 이 책을 읽기 전의 자신의 모든 것들이 잘못되어왔다고 생각하진 않았으면 좋겠다. 그 생각에 나는 "당신은 전혀 잘못된 삶을 살지 않았다"라고 단연코 확신 아닌 확신을 할 수 있다. 당신이 어떤 삶을 살았는지 모르는데 어떻게 확신하냐고 묻는다면 나는 이렇게 자신 있게 대답하겠다. 우리의 인생은 실패란 존재하지 않으며, '도달'과 '과정'만 있을 뿐이다. 당신은 실패한 적이 없다는 말이다. 도달하기 위한 과정을 밟아왔을 뿐이기 때문이다. 지금까지 살아온 모든 삶이 나를 찾기 위한 과정이었으며, 그 경험들이 지금 당신의 현재 모습을 대변해주고 있지 않은가. 괜찮다. 모든 것이 당신의 살과 피가 되어있을 것이다. 이제는 그 과정을 인지하고 이해만 하면 되는 것이다. 당신의 삶이 절대 헛되지 않았다는 것을 내 경험을 통해 증명해보겠다.

나는 어렸을 때부터 이것저것 여러 가지 일을 벌이는 것을 잘하였지만 뒷심이 부족해 마무리를 제대로 하지 못하는 경우가 많았다. 합기도를 하고 싶어서 배우다가도 금방 싫증을 내고 그만두고, 남자라면 악기 하나 정도는 다룰 줄 알아야 한다 해서 말도 안 되는 통기타를 비싸게 사고 배우다 금방 흥미가 떨어져 팔아버렸다. 그럼 나는 실패자인가? 전혀 아니다. 그런 소중한 경험과 시간을 보내며 나 자신에 대해 알 수 있었고, 더불어 누군가 합기도와 통기타에 대해 이야기를 하면 그 사람들과 대화를 할 때 한마디라도 말을 섞을 수 있는 소중한 대화 소스를 얻었다. 소통에 있어 공감이 얼마나 사람 간의 거리를 좁히는지 생각해본다면 이보다 소중한 경험이 어디 있는가. 내가 심리상담을 할 때마다 나의 부모님께 매번 감사하는 이유 중 하나는 사람마다 겪은 경험과 아픔이 다른데

참 신기하게도 그중에 하나 이상은 정말 진심으로 공감할만한 경험을 내가 가지고 있다는 점이다. 많이 도전하고 시도하고 과정을 밟아 나아가라. 안정에 취해있지 말고 절대 후회하지 않을 투자를 하라. 기왕이면 조금이라도 덜 돌아가기 위해서 그냥 경험을 하는 것이 아닌 나에 대해 알고나서 그에 따른 경험을 하라.

나다움을 이해한 다음 당신의 가치관에 따른 마음의 움직임이 50% 정도 확신이 든다면 일단 해보는 것이다. 나머지 50%는 경험을 하는 가운데 채워가며 농익게 될 것이다. 정도(正導)의 길을 가다가 조금 옆으로 새도 괜찮다. 다시 돌아와서 바른길을 걸으면 되는 것이니 말이다. 곧은 정도(正導)의 길만을 갈 것을 생각하면 도전하기가 쉽지 않기 때문이다.

혹시 당신은 음식 중에 먹어보진 않았지만 생김새나 냄새가 싫어 안 먹는 음식이 있는가? 그런 음식이 나에겐 싱싱한 '회' 였다. 생선을 생으로 먹는 행위 자체가 너무나 비리고 역해서 먹지 않았다. 그래서 나의 어머니께서는 나와 횟집을 가는 것을 탐탁지 않게 생각하셨다. 비싼 회가 나와도 하나도 먹지 않고 서비스로 나오는 매운탕에 밥을 말아 먹고 있었기 때문이다. 그것도 건더기는 먹지 않고 국물만 떠서 비벼 먹었다. 그러나 어느 순간 지인의 권유로 딱 한 번 먹어보고 나서부터 지금은 없어서 못 먹는 지경에 이르렀다. 먹어봐야 맛있는지 아닌지 알 수 있다. 경험을 해봐야 알 수 있다는 것이다.

무엇보다 직접경험이 제일 좋지만, 그 전에 간접경험을 해보는 것도 좋은 방법이다. 해당 분야의 실질적인 업무 경험이 있는 분의 경험담을 듣거나 인터뷰를 하는 것도 좋다. 그런 경험을 바탕으로 쓰신 책을 보는 것도 추천한다. 또한, 관련된 프로젝트가 있다면 해당 지식을 가진 사람들이 있는 곳에 함께 참여해보는 것도 피부에 와닿는 방법이 될 수 있다. 이런 시간을 주변에선 '낭비'라는 단어로 이야기할 것이다. 모든 말과 부정적 간섭을 차단하고 자신을 믿어라. 나의 길은 나 외에 아무도 알 수 없는 길이다. 비슷한 꿈을 꾸는 사람끼리 모였다 하더라도 가치관이 다르다면 그 분야에서도 추구하는 바가 다르다는 것을 명심하라. 지금 우리에게 필요한 것은 이런 '낭비'라는 시간을 조급하게 생각하지 않고 '투자'라고 생각하는 마음이 중요한 시점이다. 꽃마다 피는 시기가 다르듯 당신이라는 꽃이 필 시기도 다른 사람과 다르다.

기상청은 꽃의 개화 시기를 예측하여 예보할 때 더 정확히 예측하기 위해 사용하는 핵심 개념이 무엇인지 아는가? 바로 '가온량(加溫量)'이다. 가온량이란, 식물이 받는 온기가 얼마나 되는지 계산한 수치를 말한다. 보통 식물은 휴면 상태에 있다가 일정 수준의 온도가 누적되어 개화하는데 필요한 온도에 도달하면 꽃이 피게 된다. 예를 들어 개나리의 가온량은 84.2도인데 왕벚나무는 106.2도라고 한다. 같은 봄에 피는 꽃이라도 개나리가 벚꽃보다 먼저 피는 것을 설명할 수 있는 것이다. 이처럼 사람도 각자마다 꽃이 피는 '열정의 온도'가 다르다. 아무 걱정 없이 앞질러 뛰어가고 있는 사람을 보면서 부러워할 필요는 없다. 나랑 비슷한 환경과 조건인 것 같은데 나에게는 없는 특출난 어느 재능이 뛰어나고 능력이 있는 모습을 보며 나 자신과 비교할 필요도 없다. 같은 봄이라는 환경과 조건이라도 가온량이 다른 개나리와 벚나무의 꽃 피는 시기가 다른 것처럼, 같은 조건과 환경에서 자랐다고 해서 같은 시기에 꽃이 피는 것은 아니다. 당신은 당신이라는 꽃의 매력과 향이 있는 법이다. 봄의 시작을 알리는 개나리는 포근함을 불러오는 것만 같으며, 모진 겨울을 이기고 봄이 되는 '희망'이라는 꽃말을 의미하고 있어 사람들에게 설레는 마음을 선물해준다. 그리고 벚꽃은 하얀색 꽃잎처럼 '아름다운 영혼'이라는 꽃말을 뜻하며, 꿈속에 그려지는 환상의 나라에 온 것만 같은 비현실적이고 몽환적인 느낌을 준다. 물론 대학생들에게는 항상 중간고사와 기간이 겹쳐지는 벚꽃 개화 시기를 한탄하겠지만 포인트는 각각의 개화 시기와 의미가 다른 것이지 틀린 것이 아니라는 점임을 잊지 말자.

　마지막으로 한 가지 의문점이 남아있으리라 생각한다. 상대적으로 좋아하는 일을 찾기에는 이미 시간 대부분을 '해야만 하는 일'에 보내고 있는 사람들은 '좋아하는 일'을 찾기엔 너무 늦은 것은 아닌가? 한숨을 내쉬며 질문하고 싶을 수 있다. 요즘 같은 시대에 파이어족(경제적 자립을 이루고 조기 은퇴를 하는 사람들) 열풍이 불고 있고 직장을 다니면서도 부업을 하는 경우가 많으며, 먹고 살기 위한 일에 시간을 과 투자하는 경향이 짙어지고 있기에 한숨을 내쉬면서 이야기해도 이해한다. 이런 현상을 손가락질하는 것은 절대 아니다. 사람이라면 자신의 호구지책 정도는 해결할 수 있어야 다른 곳으로 시선을 돌릴 수 있다는 것을 나 또한 가난한 집안에서 자라왔기에 누구보다 잘 알고 있다. 그런 사람들에게 나는 이렇게 해보는 것을 추천한다. 일주일의 하루, 또는 하루에 1시간 정도는 자신과 좋아하는 일을 찾는 일에 투자해보라. 꼭 일주일 중 하루의, 하루 중 1시간을 구체적으로 무슨 요일 · 시간 · 장소에서 어떻게 할 것인지 계획을 미리 적어두고, 그 시간만큼은 자신을 위한 선물이라 생각하고 온전히 본인에게 집중해주길 바란다. 월급날 명품을 사며 나를 위한 선물이라고 포스팅하는 것보다 비교하지 못할 정도로 훨씬 값진 선물이 될 것이다.

　이런 시간은 십일조 헌금을 내듯이 미리 시간을 빼놓지 않으면 자신을 위한 투자시간은 다른 급한 일들에 경중이 밀려 결국 포기하고 말 것이다. 반지로 달을 바라봤던 것을 기억하는가? 눈에 보이지 않는 가치는 중요한 것을 알면서도 순서가 뒤로 밀릴 가능성이 크기 때문에 반드시 미리 시간을 내고 그 시간만큼은 방해받지 않고 온전히 자신에게 집중할 수 있도록 주변 가족과 지인들에게도 양해를 구하라. 그 시간은 ○○ 고등학생이 아닌 이건태라는 사람 자체로, ○○ 대학생이 아닌 이건태로, ○○ 직장인이 아닌 이건태로, ○○의 엄마·아빠가 아닌 이건태로, 오롯이 '이건태' 그 자체만으로 존재하는 시간이다.

마음을 먹는 것에서 체화시키기까지

우리는 감정과 마음에 대해서 이전과는 다른 시각으로, 또는 내면이라는 이름으로 직접 인지하지 못했던 것들을 인지하고 이해해가기 위해 노력해왔다. 그렇다면 내 육체 안에 있는 눈에 보이지 않는 마음이라는 것은 도대체 왜 내 마음대로 움직여지지 않는 걸까? 일상생활에서 우리가 흔히 쓰는 말에 그 답이 있다. 매년 새해가 되면 모든 사람이 공통적으로 꼭 하는 것이 있다. 바로 새해 다짐과 계획이다. 다이어트, 영어공부, 유튜버, 독서 등 다양한 목록을 작성하고 열정과 의지를 불태워 이번에는 기필코 꼭 해내겠다는 계획들을 빼곡히 채워가며 불끈 주먹을 쥔다. 이런 행동을 다른 말로 '마음을 먹는다'라고 표현할 수 있다. 가만? 근데 표현이 조금 이상하다는 것을 눈치챘는가? 마음을 먹는다고? 보통 먹는 것은 음식을 이야기할 때 그렇게 표현하는데 마음을 '먹는다'고 표현하고 있다. 불교의 가르침에도 보면, 일체유심조(一切唯心造)라 모든 것은 마음 먹기에 달려있다고 말하고 있다.

그렇다면 당신에게 질문 하나 해보겠다. '먹는다'라고 표현한다는 것은 내 몸의 일부로써 완전한 내 것일 때 먹는다고 표현하는가? 아니면 내 것이 아닐 때 먹는다고 표현하는가? 그렇다. 내 것이 아닐 때 먹는다고 표현한다. 그러면 마음을 먹는다는 말은 곧 마음은 내 것이 아니라는 말로 볼 수 있는 것이다. 그동안 살아오며 나는 마음이 내 것인 줄 알았는데 생각해보니까 이 마음을 내 마음대로 움직일 수 있었던 기억이 그리 많지가 않다는 것을 느낄 수 있다. 그리고 내 마음대로 움직였다고 하는 기억들조차도 사실 그리 만족스러울 정도로 모든 것을 통제한 느낌은 아니다. 하물며 마음 그릇 안에 담긴 하나의 작은 보석과도 같은 조그마한 감정조차도 조절하지 못할 때가 많다는 것을 생각하면 진정 마음이 내 소유가 맞는지 더 의심스럽기 시작한다. 만약 내가 마음을 온전히 컨트롤하는 것이 가능했다면 이토록 내 자아가 여러 문제로 힘들지 않았어야 하는 것이 맞지 않을까.

우리는 먹고사는 것과 겉에 보이는 육체를 위해 투자하는 것만으로도 이미 체력이 바닥이 났기 때문에 마음이라는 것을 제대로 인지해본 적이 없다. 반대로 말하면 마음에 대해 인지하기 시작하고 내 것으로 체화(몸에 배어 자기 것이 됨) 되면 그때는 마음을 먹는다고 표현할 것이 아니라 '마음이 먹어진다'고 표현하는 게 맞을 것이다. 이제는 내 것이 되었기에 따로 먹으려고 노력하지 않아도 스스로 먹어지기 때문이다. 즉, 마음을 인지하기 위한 의식적 생각을 해야 한다는 것이다. 생각한 대로 살지 않으면 사는 대로 생각하게 된다. 의식을 하지 않으면 무의식적으로 흘러가는 대로 살게 된다. 우리의 마음도 마찬가지로 많은 사람이 마음에 대해 간과하고 살아가고 있다는 것을 일깨워주고자 우리의 영혼이 대변해서 끊임없이 외쳐주고 있는 것은 아닐까 생각해볼 수 있다. 지금부터라도 마음의 결핍이 느껴진다면 부족한 영양분을 채우기 위한 영양제를 찾아 먹듯 마음을 인지하고 채우기 위해 노력하는 자세가 필요하다.

흔히 이를 잘 나타내는 사자성어에도 '작심삼일'이라는 말이 있다. 마음을 먹은 지 3일이 못 간다는 뜻으로 결심한 지 얼마 되지 않아서 굳게 먹은 마음이 흐지부지되는 것을 의미한다. 무언가 목표를 세우고 '마음을 먹었어'라고 표현하는 많은 것들은 대부분 내 것으로 만들기 위해 노력하는 행위로 이루어져 있으며, 이후에는 체화되어 습관의 원리처럼 움직이게 된다. 그래서 많은 동기부여 대가이신 분들께서 작심삼일로 끝나도 괜찮으니 그 작심삼일을 계속해서 반복하면 된다고 말해 주는 것도 일리가 있다. 처음에는 의지를 통한 의식적 노력이 필요하지만, 습관이 되면 체화되어 삼일이 삼십일, 삼백일 아니 평생을 가도록 내 것으로 습득이 될 수 있기 때문이다.

마음은 마치 근육과 같다. 우리가 운동할 때 처음 20kg 되는 덤벨의 무게를 들게 되면 굉장히 힘들고 부하가 많이 걸려 다음날에 근육통이 있게 되는데, 이 근육통은 근육이 미세하게 찢어지고 피멍이 들어 생긴다고 한다. 그러나 휴식의 시간이 지나고 나면 회복이 되면서 더 근력이 세져 처음에 힘들게 들던 20kg의 무게가 가볍게 느껴지는 성장을 경험하게 된다. 마음도 우리가 살아오면서 인지조차 하지 못하고 간과하며 지내다가 의식적 노력에 의해 인지하고 들여다보기 시작하면 처음에는 느낌이 추상적이고 어렵고 힘들다고 느껴질 것이다.

그리고 무엇보다 꾹꾹 마음 밭 깊은 곳으로 눌러두었던 돌들이 바위만큼 커지고 너무 깊숙이 눌러두었기 때문에 어디에 자리를 잡고 있는지도 알기가 쉽지 않다. 그 바위만 한 돌을 찾기 위해 여기저기 삽질을 하는 것이 얼마나 마음 밭을 헤집어 놓을지는 나도 나 자신을 살펴보며, 수많은 상담을 해오는 과정에서 극심히 공감할 수 있게 됐다. 또 돌을 찾고 나면 그 돌을 캐내기 위해 얼마나 많은 괴로움과 눈물을 뿌리는지, 끄집어내는 순간이 어떤 고통이 함께 딸려 나오는지 나도 잘 알고 있다. 그러나 그 단계가 지나고 마음이 이해가 될 때 마음의 사용법을 어느 정도 체득하게 되는 순간을 만나게 된다. 완전한 체화는 어렵다 하더라도 최소한의 노력만으로도 지금보다 더 당신과 타인을, 사람 그 자체를 바라보는 시각이 상당히 달라질 것이다.

또한, 우리가 늘 하는 '말'이라는 것은 '마음'에서 나오는데, 내가 마음에서부터 뱉은 말은 상대방의 마음에 담기게 된다. 이에 대해서 우리는 평소에 이렇게도 이야기한다. "말귀를 못 알아먹어", "욕 먹었어"로 말이다. 더 나아가 욕을 먹으면 장수한다는 말까지 있다. 이런 속설이 생기게 된 이야기도 들어보면 마음 그릇과 연관이 있다.

고사성어 중에 '수즉다욕(壽則多辱)'이라는 말로써 오래 살게 되면 욕됨이 많아 좋지 않은 일들도 많이 겪게 된다는 뜻을 의미한다. 장자 천지편에 나오는 스토리인데 중국 고대의 훌륭한 인물로 꼽히는 요(堯) 임금이 지방을 순시하던 중에 지역을 지키던 관리가 요 임금을 보고 기쁜 마음에 장수할 것과 부유할 것, 자식을 많이 낳을 것을 기원하였다. 그러나 요 임금은 장수하면 욕되는 일이 많고, 재물이 많으면 일이 많아지고, 자식이 많으면 걱정거리가 많아지니 덕을 쌓는 데 도움이 되지 않아 모두 사양한다고 말하였다. 그러자 관리는 이렇게 대답하였다. "부유하면 나눠주면 그만이고, 자식이 많으면 제각기 일을 주고 맡기면 그만이며, 장수하면 모든 사람과 덕을 누리거나 스스로 덕을 쌓으며 오래 살다가 신선이 되면 그만인 것을 말씀하시는 것을 보니 임금은 성인이 아니라 군자에 불과하다"라고 말이다.

이는 많은 복을 거절하고 경계할 것을 말하는 것이 아니요, 이 모든 것을 다 포용할 수 있는 경지에 오르는 마음 그릇을 말한다. 오래 살다 보면 이런저런 욕보는 일도 많고, 말로써 욕을 먹는 일도 많겠으나 그럴 때 사람의 본심이 올라오며 자신의 내면 그릇의 크기를 엿볼 수 있다. 사람의 가장 밑바닥의 본성을 볼 수 있는 방법은 그 사람이 가장 힘들고 어려운 시기에 보이는 행동을 보거나 타인의 피드백을 받아들이는 태도를 통해 알 수 있는 것처럼, 욕됨을 들을 수 있고 먹을 수 있으며 받아들일 수 있는 사람의 마음 그릇의 크기는 알만하다. 그렇다고 사서 욕을 얻어 먹으라는 말은 아니다. 나쁜 욕을 있는 그대로 자신에게 받아들여 자신의 자아를 다치게 하라는 말 또한 아니다. 욕을 먹지 않기 위해 가면을 쓰며 살아가는 모습보다 어느 정도의 피드백을 수용할 줄 아는 사람이 될 수 있게 마음을 이해해가고 그릇을 넓혀가자는 의미로 말한 것이다.

경험상 자존감이 낮다고 평가되는 사람은 상대적으로 자존심이 강할 가능성이 크다. 그러나 반대로 자존감이 높다고 평가되는 사람은 신념이 강하며 피드백을 받을 때 도움이 되는 부분이라 생각이 된다면 자기 생각을 내려놓을 줄도 알기에 그 욕됨을 자신의 피와 살로 맞바꿀 줄 안다. 속된말로 요즘 조직 내에 직원들이 가장 싫어하는 상사의 유형인 일명 '꼰대'의 특징을 보면 더 잘 구분할 수 있다.

꼰대는 본인의 사고방식이 무조건 옳다고 생각하며, 나이나 지위·경험을 통해 세운 우월의식을 갖고 대화를 하는 사람들을 의미한다. 한마디로 말하자면 고집불통이다. 회사나 학교 등의 어느 조직에서든지 소통이 되기 쉽지 않은 이런 꼰대의 유형을 가진 사람들을 바라보며 한 번쯤 생각한다. "왜 그렇게 다른 사람들의 의견을 받아들이지 못할까?" 그 답은 의사소통 방식이나 인성 문제일 수도 있겠지만 더 큰 비중을 차지하는 것은 '자존감'의 문제일 것이다. 자신을 존중하는 마음이 없는 사람은 타인을 존중할 수 없다. 사랑도 받아본 사람이 줄 수 있는 것처럼 자신의 마음을 들여다보지 못한 사람은 타인의 마음을 이해할 수 없기 때문이다. 마음을 이해하지 못한 사람이 어떻게 다른 사람의 마음을 살 수 있을 것이며, 마음을 사지 못하는 사람이 어떻게 공감과 진정한 관계를 형성할 수 있으랴. 그러나 걱정하지 마라. 나도 그랬고 상담한 많은 사람도 그래왔던 것처럼 당신도 바뀔 수 있고 당신이 꼰대라 말하는 사람도 바뀔 수 있다. 마음에 그 해답이 있다.

마음을 들여다보는 습관이 생기면 주변 상황에 집중하는 시선이 줄어드는 이점도 있다. 결코 주변 상황이 나를 행복하게 해주는 것이 아니다. 주변 상황이 나를 불행하게 하는 것도 아니다. 저녁노을을 보며 눈물이 난다면 노을이 나를 슬프게 한 것인가? 노을을 바라보는 나의 마음이 슬픈 것인가? 내 마음속에서 내리는 비가 눈물로 투영되어 흘렀을 것이다. 이처럼 모든 행복과 삶의 질, 대인관계, 감정, 나다움의 시작은 마음을 먹으려는 시도로부터 시작되며 체화되어가는 과정은 마음의 컨트롤타워가 조금씩 건설되어가는 것과 같다.

만약 마음을 인지하지 못한 상태에서 과하게 내면의 부정적인 요소가 커지게 되면 어느덧 결핍된 마음을 더욱더 갉아먹어 이후엔 완전히 사로잡히게 된다. 이로 인해 생기는 마음의 병이 바로 '공황장애' 이다. 부정적인 마음이 드는 것은 우리가 살아가는 데 있어서 생존과 밀접한 연관이 있으므로 없어서는 안 되는 마음이지만, 이런 부정적인 마음이 심해지면 공황장애로 발전할 수도 있다. 공황장애는 아직까지 정확한 규정은 없지만, 유전적인 요인이나, 특히 최근에는 코로나 19로 인한 스트레스와 불안감의 요인으로 마음의 힘듦이 극도로 높아져 공황장애로 되는 경우가 많아졌다고 한다.

코로나 시대 이전인 2016년도부터 코로나를 겪고 있는 2020년까지의 결과만 보더라도 우울증을 겪는 환자 수는 약 20만 명이 늘었고, 수면장애를 겪는 환자 수는 약 10만 명, 공황장애를 겪는 환자 수는 약 7만 명이 늘었다. 5년 사이에 그래프가 급속도로 올라가고 있는 것을 알 수 있고 공식적으로 계산이 되는 수치가 이 정도라면, 사실상 더 많이 분포하고 있을 비공식적인 어려움을 겪고 있는 사람들은 훨씬 많을 것을 유추해볼 수 있다. 공황장애는 신체적으로 건강하고 자신감이 있으며 나 자신을 믿는 사람에게는 잘 찾아오지 않는다고 한다면, 마음과 심리적 요소가 얼마나 우리에게 많은 영향을 끼치는지 다시 한번 생각해볼 수 있는 대목이다.

안타깝게도 현시대를 살아가는 우리에게 스트레스는 떼려야 뗄 수가 없는 가까운 사이다. 마음을 이해하지 못하면 근본적인 이유를 나 자신이 아닌 상황이 이렇게 만든 것이라고 원인을 돌리는 경우가 많아지게 되는데, 이런 마음은 나를 해결해주지 못한다. 노을이 자신을 슬프게 했다고 생각하기 시작하면 스스로 오진하는 것과 다를 바가 없어 제대로 된 해결방법도 나올 리 만무하기 때문이다. 자꾸만 모든 시선을 상황으로 돌려 다람쥐 쳇바퀴처럼 나의 마음을 좀먹게 하기보다, 자신을 스스로 돌아보는 시간을 갖는 것이 앞으로 살아갈 날이 많은 우리에게 더 도움이 되는 길일 것이다.

세상은 계속해서 발전하고 앞으로 나아가고 있다. 그러나 어제의 나의 마음 그릇의 크기와 오늘의 마음 그릇의 크기가 같다면 제자리인 사람이 아니라 퇴보되는 사람일 것이다. 마음에 대한 이해를 바탕으로 나다움을 찾지 못하고 살아가는 인생은 내 위치를 모른 상태로 계속해서 허망한 목적지만을 찾기 위해 떠도는 바다 위의 배와 같아서 평생 망망대해를 바라보며 해결치 못하는 갈급함에 살아가겠지만, 진정 나다움의 퍼즐을 완성해가며 자신을 이해한 당신에게는 변화된 삶이 반드시 찾아올 것이다. 그 변화는 나 자신보다 주변에서 먼저 알아볼 것이며, 그런 말을 듣고 내면의 거울을 보면 어느덧 사람에 대한 깊이 있는 이해도가 생긴 본인의 모습을 발견하고 깜짝 놀라지 않을 수 없을 것이다. 그 거울을 통해 본 모습은 이전의 '빈약한 마음이'가 아닌 '근육질의 마음이'가 서 있을 것이기 때문이다.

제4장
'이해'의 관점이 주는 '변화'

내 인생의 던진 모든 다트가 만점 나오는 방법

드디어 '나'라는 퍼즐을 다 맞추고 그림이 완성되었다. 차근차근 하나씩 적어가며 자신을 이해하고자 노력한 당신에게 정말 고생했다고 안아주고 싶다. 이제는 자신의 과거부터 현재, 미래까지 연결이 되어 나를 입체적으로 볼 수 있게 되었을 것으로 믿는다. 그리고 이대로 살아갔을 때 나의 가치관을 통해 미래에 있을 문제점들을 예상할 수 있게 됐고, 고치면 좋을 점들에 대해서도 추상적이지 않고 아주 명확하게 구상적으로 인지하고 이해했을 것이다. 그동안 적은 모든 내용들과 검사지를 책상 앞에 쭉 나열해서 한눈에 보니 무슨 생각이 드는가? 성취감이라는 단어로는 부족하다. 온몸이 부서질 것만 같은 짜릿한 감동이 커다란 파도처럼 물밀 듯 밀려와 나를 덮치는 기분이 들 것이다. 누군가는 평생을 그저 상황에 자신을 맞추어 살아가고, 현실에 굴복하고 순응하며 살아간다. 그리고 그런 사람들을 내 주변에서 너무나 많이 봐왔다. 그때의 기분은 이랬다. 나는 정말 무슨 연고인지 지독하게도 운이 좋아서 길 가다가 굉장한 값어치를 가진 다이아몬드를 거저 주운 느낌이었다. 그러니 당연히 내가 알게 된 가치를 전하지 않고는 못 배기지 않겠는가. 나는 입이 근질근질해서 참을 수가 없었다. 안 그래도 말이 많은데 말이다. 이 나다움을 찾을 수 있는 확실한 길을 통해 많은 사람이 자신을 찾고 자기만의 목적을 세워 살아가는 행복을 느끼는 날이 하루속히 오길 바란다.

　나는 이렇게 나답게 사는 삶을 또 다르게 비유하자면 다트를 던지는 것과 같다고 말하고 싶다. 당신은 모던바나 게임장에 가면 있는 다트를 해본 적이 있는가? 만약 당신이 10번의 다트를 던지는데 10번 다 정중앙인 더블 불(Double bull)에 던질 수 있는 방법이 있다면 무엇이 있을까 생각해보라. 연습을 수도 없이 하라는 말을 하고 싶은 것이 아니다(우리의 목적은 프로 다트 선수가 되는 것이 아니다). 그렇다고 다트판 앞에 서서 정중앙을 10번 찌르라는 말도 아니다. 내가 내놓은 정답은 다트 핀을 던지고 다트 핀이 꽂힌 곳을 정중앙으로 하여 만점인 다트판을 그리면 된다. 답을 알고 보니 너무 허무한가? 그러나 이것이 바로 내가 이 책을 통해 말하고자 하는 총체적인 핵심이다. 다른 사람이 만점이라 만들어 둔 다트판에 내 다트 핀을 억지로 끼워 맞추려고 노력하지 마라. 내가 자신 있게 다트 핀을 던지고 그곳에 만점 다트판을 그리면 되는 것이다. 당신은 앞으로 이런 삶을 살 것이다. 나다움을 찾는 가장 근본적인 핵심은 남이 아닌 나다운 삶을 사는 데 있기 때문이다. 이것을 깨닫기 위해 지금까지 노력한 당신에게 나는 무한한 박수를 치고 있다. 그리고 내가 말하는 핵심을 꿰뚫어 이해가 된 당신은 온몸에 다이돌핀이 돌며 미간에 힘이 들어갈 정도로 환한 표정을 짓고 있을 것이다. 내가 그랬던 것처럼 말이다.

당신은 자아정체성을 정립하기 위해 '나'라는 퍼즐을 다 맞추었으니 이제는 자아정체성을 확립하기 위해 문밖으로 나아가라. 부딪히고 깨지고 이해하고 관계를 맺으며 당신의 미래관을 넓히고 지각을 넓혀라. 그러면 진정한 자아완성으로 가는 길이 보일 것이고, 어느덧 그 길을 함께 걷고 있는 당신은 옆에서 같이 걷고 있는 나를 바라보며 누구보다 끈끈한 동역자의 마음을 느낄 것이다. 그리고 이젠 당신이 자기 자신에게 하는 말들도 많이 바뀌었을 것이다. 사람은 자기가 자신에게 전해주는 메시지가 곧 자신의 모습을 결정한다. 또한, 보이는 가치보다 보이지 않는 가치를 더 쫓고 있는 자신을 발견하게 되었을 것이다. 우리의 인생에 있어 중요한 가치는 돈이나 명예 따위의 입혀진 옷이 아니라 벌거벗은 모습의 나 그 자체라는 것을 깨달았으니 말이다.

나는 가끔 주변에서 이런 말을 듣는다. "너의 직업은 강사가 아니라 도인이 아닐까? 산에서 내려온 것 같아. 가끔 보면 해탈한 사람 같단 말이지? 내 주변에 있는 네 또래의 사람들과는 뭔가 풍기는 느낌과 깊이가 달라". 그럼 나는 이렇게 대답한다. "내가 똘아이라고 하는 말을 들을 때만큼 기분 좋은 말인데?". 나는 그런 말들을 들으면 상당히 기분이 좋다. 그만큼 내가 나 자신을 바라보는 것도, 다른 사람을 바라보는 것도 이전과는 달라졌다는 것을 그들이 입증해준 것이기 때문이다.

언제는 행사를 준비하는 한 동생을 통한 비슷한 상황이 있었다. 그 동생은 사람들에게 추억과 의미를 선물하는 사람이었다. 운영하는 공방에 방문하는 사람들의 손이나 발을 석고로 본을 떠서 그들에게 특별한 기억을 주는 일을 하였다. 처음에는 커플들의 이색데이트로 도와주거나 가족들의 특별한 추억을 위해 일을 하는 그 동생의 발자취를 들어보았다. 그러나 나는 조금 더 좋은 의미로 사람들에게 가치를 선물해주는 프로젝트를 해보면 어떻겠냐고 제안을 했었고 동생은 수락을 했었다. 예를 들면 자녀를 위해 인생의 모진 고난을 겪어오며 자신의 인생을 모두 갈아 넣으신 어머님의 손이나, 꾸준한 노력을 통해 육체의 고통을 이겨내며 결국 승리를 거머쥔 발레리나의 발 등을 아이디어로 내놓았었다. 동생은 내 의견을 들어보고 가치가 있다고 판단하였고 이후 이를 알리기 위한 한 행사에 참여하게 되었다는 소식을 들었다. 부스를 운영하는 동생을 위해서 홍보 판넬을 내가 제작해보겠다고 선뜻 이야기했고, 동생은 모든 재룟값과 제작비들을 주겠다고 하였으나 나는 극구 부인하며 말렸다.

그리고 나는 이렇게 이야기했다. "가치를 전하는 데 있어선 너와 나가 아니라 우리가 되는 것이며, 값으로 매길 수 없는 가치를 전달할 때는 금전적인 비용이나 머리로 계산하는 것은 그 가치의 본질을 흐트러뜨리는 행동이야"라고 말이다. 그때 동생은 나에게 이렇게 말했다. "나는 이제까지 모든 것이 돈으로 계산되는 방식으로 자라왔기에 오빠의 그런 생각과 가치관이 나한텐 너무나 충격적이야. 세상을 살아가는데 반드시 공짜는 없다고 생각해왔는데".

나는 정말 한 치의 망설임도 없었고, 조금의 아까운 마음도 들지 않았다. 누군가는 이렇게 행동하는 나를 오지랖이라고 말하는 사람도 있었고, 결국 무언가 뒤에서 바라는 것이 있기 때문에 저렇게 행동하는 것이라고 손가락질하는 사람들도 있었다. 그러나 나는 속으로 이렇게 생각했다. '남들의 말과 시선 따위 알 바야?'. 이것이 내 길이고 가치관을 표현하는 방법이라면 다른 사람에게 피해를 주지 않는 선에서는 모두 허용할 수 있는 것이다.

또 한번은 상담하는 한 대학생과 있었던 기억에 남는 일이 있었다. 가정의 장남으로서 남동생이 있어 맏이로서 책임감이 막중하였고, 대학교에 다니면서도 아르바이트하며 스스로 용돈을 벌고 부모님께 부담드리지 않겠다는 효심을 가진 학생이었다. 가정형편이 넉넉지 못했던 삶과 치열하게 살기 위해 발버둥을 치는 모습이 나와 비슷했던 그 학생을 상담하며 나의 어릴 적 모습들과 너무나 많이 겹쳐져 있음을 발견하였다. 아니 나보다 더 어려운 삶을 살고 있었으리라. 나는 외동아들이지만 그 학생은 책임져야 할 동생까지 있었으니 그 무게감은 나의 두 배였지 않았을까. 모든 상담 과정을 금전적 부담 없이 진행하였고 과정을 전부 마치고 행복한 미소를 짓고 떠나는 그 학생이 마지막으로 했던 말이 아직도 나의 뇌리에 남아있다.

"쌤은 상담하는 비용을 받지도 않으시면서, 도리어 쌤의 시간과 돈을 그렇게까지 저한테 투자하면서 아껴주시는지 이해하지 못했어요. 왜 매 시간을 진심을 담아 온몸으로 이야기하시는지 이해가 되지 않았어요. 우리 부모님도 이렇게까지 눈물 흘리며 내 이야기를 들어주시지 않았는데. 처음엔 '나에게 뜯어갈 것도 없는데 무엇을 얻어가려고 하시는 거지?' 라는 생각까지 들 정도였어요. 근데 지금은 쌤을 조금은 이해할 수 있을 것 같아요. 쌤은 나에게 머리가 아닌 마음으로 소통하는 관계를 알게 해준 인생의 첫 선배님입니다".

나는 너무나 멋진 그 학생을 바라보며 눈에 눈물을 머금고 이야기하였다. "어느덧 이 사회가 자신이 도움을 받으면 고마운 마음이 드는 것이 정상인데, 나쁜 마음은 없는지 의심하는 비정상적인 사회가 된 것 같다. 이렇게 생각했을 너의 마음도 이해가 된다. 그렇게 생각하는 것은 너의 잘못이 아니며 그렇게 생각하게 만든 이 사회를 먼저 살아온 선배인 나의 잘못이다". 그리고 이렇게 덧붙였다. "평생 내가 풀지 못한 수학 문제가 있는데 누군가가 우연히 나에게 다가와 그 수학 문제 푸는 방법을 명쾌히 알려준다면 고맙다고 이야기하는 것이 맞지 않을까? 그런데 세상은 나에게 왜 그 문제를 가르쳐줬냐고 이야기하는 세상이 된 것만 같다."라고 말이다. 나는 그때 한가지 결심했다. 이런 정신적인 가치를 세상에 알리고 싶다고 말이다.

아직도 주변에선 이야기한다. 너 하나로 얼마나 많은 사람과 세상이 좋은 모양으로 바뀌겠냐고 말이다. 세상은 바뀌지 않으니 의미 없는 행동하지 말라고 뜯어말리는 사람도 있었다.

나는 그럴 때면 항상 이렇게 대답한다. "알 바야?". 다른 사람의 생각과 의견이 나의 가치관에 부합되지 않는다면, 그리고 그 말이 나의 가치관 이행에 걸림돌이 되는 말들이라면 들을 필요가 없기 때문이다. 물론 다시 한번 이야기하지만 다른 사람을 무시하라는 것이 아니며, 피해를 주지 않는 선에서 허용되는 정신이다. 이를 나는 '알 바야? 정신'이라고 부른다. 이런 정신은 나다움을 찾은 뒤로 생긴 정신이었다. 나는 이런 마음에 대한 통찰력 있는 이해를 유교의 서적에서도 찾을 수 있었다.

영화의 한 장면에서도 나왔던 것처럼 유교의 경전인 사서삼경 중 사서에는 논어, 맹자, 대학, 중용이 있는데, 그중에서도 중용 23장을 보면 이를 잘 나타내는 부분이 있다.

중용 23장의 일부

작은 일도 무시하지 않고 최선을 다해야 한다. 작은 일에도 최선을 다하면 정성스럽게 된다. 정성스럽게 되면 겉에 배어 나오고, 겉에 배어 나오면 겉으로 드러나고, 겉으로 드러나면 이내 밝아지고, 밝아지면 남을 감동시키고, 남을 감동시키면 이내 변하게 되고, 변하면 생육 된다. 그러니 오직 세상에서 지극히 정성을 다하는 사람만이 나와 세상을 변하게 할 수 있는 것이다.

내가 말하고자 하는 모든 것을 꿰뚫는 부분이었다. 우리는 삶을 살아가는 데 있어 '나는 누구인가?'라는 인생의 본질적인 질문을 어렸을 때 몇 번 던져보고 자연스레 생각하지 않게 된다. 세상은 다양하게 나의 시선을 빼앗고, 나의 정신 체력을 소모하게끔 하는 일들이 무수히 많다는 것을 의미한다. 그중에 아주 작은 일이라 생각이 들 수 있는 나다움을 찾는 일을 무시하지 않고 최선을 다해 임해보라. 그러면 A4용지 한 장 한 장 나의 모습을 정성을 다해 낱낱이 적으며 그때의 감정과 마음을 소환하게 될 것이다. 그렇게 마음에 대한 이해와 나다움의 퍼즐을 맞춰가며 체화되고 나면 반드시 배게 되고 겉으로 드러난다. 낭중지추라는 말이 있는 것처럼 숨기려 해도 그 빛은 숨겨지지 않는다. 그러면 그 빛이 다른 사람을 감동시킬 것이다. 감동이 되면 그 사람도 변화하게 되고, 그렇게 한 사람씩 변화한 사람들이 점점 많이 생기게 되면 세상이 변하게 되는 것이다. 나 하나로 얼마나 바뀌겠냐고 물었던 사람들에게 이 중용 23장을 읽어보라고 소개해주고 싶을 정도다.

특히나 누군가의 앞에 서 있어야만 하는 리더라면 작지만 중요한 것에 집중하여 최선과 정성을 다해야 한다는 것을 중용에선 말해주고 있다. 이를 유교 경전 중 대학에 8조목에도 보면 잘 나와 있다.

대학 8조목

격물 치지(格物 致知) 성의 정심(誠意 正心) 수신 제가(修身 齊家) 치국 평천하(治國 平天下)

격물치지 사물의 이치를 파고들어 깨달아 알게 되면
성의정심 진실된 마음과 뜻을 다해 노력해 마음을 바르게 하게 된다.
수신제가 마음과 행실을 바르게 닦아 집안을 바로 다스리게 되니
치국 평천하 집안을 잘 다스리듯 나라를 잘 다스려 천하가 화평해진다.

먼저는 우리가 살아가는 세상의 한 가운데 서 있는 '나'라는 존재와 내 주변에 대한 것들을 이치에 맞게 깨닫고, 깨달은 이치를 통해 자신의 마음과 가치관을 이해하고 정립해가기 위해 노력해야 한다. 나 자신의 마

음과 행실을 먼저 바르게 하고, 그 바르게 한 것을 바탕으로 확장해가며 내 경계 안에 있는 사람들과 함께 나누게 되니 이후에는 전체적인 조직과 세상이 조화로워질 수 있는 것이다. 우리는 나다움의 인지와 이해 과정을 통해 이 느낌을 맛보았다. 이제는 당신이 리더가 될 차례이다. 꼭 회사나 조직안에 리더의 직책을 갖지 않더라도, 학교 내에서 리더의 이름으로 불리지 않더라도, 가족 내에 가장이 아니라 할지라도 상관없다. 당신이 깨달은 나의 소중함과 가치를 되찾고자 노력해온 것들을 그저 알려주는 것 뿐이다. 이 가치를 내가 사랑하는 사람들에게 전해주는 사람이 된다면 기꺼이 나다움의 가치를 전하는 선배이자 리더가 되는 것이다. 나 하나로 세상이 바뀌지 않을지도 모른다. 그러면 좀 어떤가? 나 다운 삶을 사는 게 너무 행복해서 만나는 사람마다 입이 근질거려 전하지 않으면 견딜 수 없는데 말이다. 남들의 시선 따위 알 바야? 나는 나다운 삶을 사는 것인데 말이다.

나와 타인이라는 사람 그 자체를 보는 힘

세상에는 돌아이가 참 많다. 나처럼 본인이 돌아이인 것을 인정하며 살아가는 상돌아이도 있지만 그 숫자는 많지 않으며, 일반적으로 일컫는 내 선에서 이해 안 가는 돌아이들은 다수 이 땅에서 우리와 함께 살아간다. '돌아이 질량 보존의 법칙'이라고 들어본 적 있는가? 어떤 조직이든 반드시 일정량의 돌아이가 존재한다는 말이다.

5명 이상 모이면 반드시 1명은 돌아이가 있고 상돌아이가 없다면 덜 돌아이가 여러 명이 있고 어느날 돌아이가 나가면 색다른 돌아이가 들어온다. 돌아이를 피해 내가 다른 곳으로 옮기면 그곳에는 더한 돌아이가 있다. 만약 우리 조직 내에 돌아이가 없다고 생각이 든다면 주인공은 바로 당신이라는 이야기.

참 신기하게도 어디를 가나 이해 안 가는 돌아이는 항상 존재한다. 더 신기한 건 어느 조직이든지 돌아이는 그 조직을 지키는 수호자나 실세라 불리는 사람들일 가능성이 크다는 점이다. 돌아이라 불리는 사람들의 특징은 자기 혼자 여러 모양으로 감정변화를 일으키며 수시로 얼굴이 변해 종잡을 수 없고, 그럴 때마다 주변에 그 변화를 풍기는 아우라가 뿜어져 나온다. 만약 직책이나 사회적 위치가 나와 동등 선에 있거나 상대적으로 밑에 있는 돌아이라면 내치거나 무시하고 피하면 되겠지만, 문제는 나보다 위에 군림하고 있을 땐 이야기가 달라진다. 사회 생활하며 먹고 살아야 하는 현대인들은 목구멍이 포도청이라 뒤에서 뒷담화를 하는 한이 있더라도 앞에서는 감정노동을 하게 된다. 어쩌면 나의 월급에 '돌아이와 공존을 위한 감정노동비'가 포함된 것만 같다. 혹시 모르니 당신의 월급 명세서를 확인해보라. 작은 글씨로 적혀있을지도 모른다.

돌아이는 보통 2가지로 나뉜다. 원래부터 돌아이였던 사람과 조직이 낳은 돌아이가 있다. 조직을 들어오기 전부터 원래 돌아이였던 사람은 성향적인 부분으로 해석할 수 있겠지만, 조직이 낳은 돌아이는 수직 상하 관계에 따른 권력 구조로 인해 그 맛에 취하게 되면서 생기게 되기도 한다. 이런 사람들의 특징은 자신의 경험과 생각을 정답이라 생각하며 절대 자신의 의견을 굽히지 않는다. 또한 감정적으로 예민하거나, 강한 사람에게는 한없이 약해지면서도 약한 사람에게는 강하게 대하는 일명 '강약약강'인 사람도 있다. 더 화가 나는 것은 이런 사람들이 내는 성과들로 인해 위에서는 인정받고 있는 사람일 수도 있다는 것이다. 일반적으로 조직에 적응하고 살아가고 있는 우리에게는 천적이나 다름이 없다. 여기까지가 우리가 이 책을 읽기 전의 시선이다.

그러나 이제는 이런 말들에 공감은 할 수 있어도 현재진행형이어서는 곤란하다. 당신은 나를 바라보며 타인을 바라보는 시선까지 두루 이해할 수 있는 눈을 길러왔기 때문이다. 잘 생각해보자. 당신이 말하는 돌아이라는 사람은 누구 기준으로 명명된것인가? 물론 대다수 사람이 한 사람을 콕 집어서 돌아이라고 생각하는 경우도 있다. 내 주변 사람들이 저 자인 나를 바라볼 때처럼 말이다. 그러나 그런 사람조차도 누군가에게는 일반적인 사람이라고 느껴질 수 있다는 점을 간과해선 안 된다.

예를 들어 과일 중에서도 사과와 포도가 있다. 둘은 각양각색의 특징과 고유의 맛을 가지고 있다. 그러나 어느 하나를 기준점 삼아 다른 것을 바라보면 시선이 달라진다. 사과의 기준으로 보면 열매의 알맹이 크기가 작은 포도는 사과에 비해 열등한 것이 된다. 반대로 포도의 기준으로 사과를 바라보면 고작 열매가 1개밖에 되지 않는 사과는 열등한 것이 된다. 당연히 사과 입장에선 포도가 이해가 가지 않을 것이다. 내 주변엔 다 빨간색이고 나도 빨간색이라 나는 빨간색이 당연하다고 생각하는데 너는 왜 보라색을 띠는지? 알맹이가 그렇게 작으면 어디에 써먹는지? 그 작은 열매 안에 씨를 가지고 있으면 씨는 답답할 텐데 씨에 대한 배려는 어디에 팔아먹었는지? 등등 모든 것이 이해 안 되는 것투성이다.

또한, 포도 입장에서도 사과가 이해가 될 리 만무하다. 보라색이 당연한 색이지 빨간색이 웬 말인지? 열매가 여러 개여야 몇 개가 떨어져도 살아남을 수 있는데 1개밖에 안 되면 이 험악한 자연에서 과연 살아남을 수 있는지? 열매가 부드러워야 인간들이 먹기 편해할 텐데 딱딱해서 통째로 먹을 때 그들의 이를 다치게 할 수도 있는 위험성을 특징으로 왜 굳이 가지고 있는지? 등등 말하자면 끝도 없다.

내 기준으로 누군가를 바라보며 돌아이라 이름을 붙인 사람이 있을 것이다. 그런데 반대로 그 사람도 뒤에서 당신을 돌아이라고 이름표를 붙였을지 모른다. 그러면 나다움의 퍼즐을 맞추고 이해를 한 우리 입장에서 보자면, 나 또한 여러 가지 상처와 부모님의 양육방식의 영향을 받아 현재의 모습과 가치관을 가지고 살아가는 것처럼, 내가 돌아이라고 말하는 그 사람도 현재 그런 가치관을 가지고 살아가는 데는 반드시 과거의 상처나 아픔들이 있을 것을 짐작해볼 수 있다. 같은 상황에 부딪혔다 할지라도 나는 그냥 쉽게 넘어갈 수 있는 문제라고 생각할 수 있지만, 다른 사람에게는 무시당한 느낌을 주거나 상처를 받는 상황일 수도 있으며 방어기제가 올라와 자신을 방어하고자 당신에게 감정적으로 대했을 수도 있는 것이다. 그런 모습을 보며 아직도 이해 안 간다고 말하고, 나와는 다르다고 틀린 사람이라 치부하며 돌아이라고 손가락질을 하고 있다면 미안하지만, 당신은 지금까지 나다움을 찾는 과정이 당신에게 도움이 하나도 되지 않았을 가능성이 크다. 오히려 나다움을 알고 있다는 지식의 교만이 올라올 수 있으니 스스로 경계해야 한다. 모든 것을 다 이해할 순 없겠지만 최소한 "저 사람도 그래서 그럴 수도 있겠다"라는 생각이 들어야 한다. 그래도 싫은 감정이 드는 건 그럴 수 있다. 우리도 사람인데 예수나 석가, 공자와 같은 성인들처럼 모든 것을 달관할 수는 없지 않은가.

그리고 이전에 갖고 있던 당신의 인식을 벗어버리고 변화하는 것도 힘들다는 거 잘 알고 있다. 이미 오래전부터 수많은 조사결과를 통해 우리가 알고 느끼고 있는 것처럼 대한민국에서 조직 생활을 하며 가장 힘든 것은 '대인관계'라는 것을 누구도 부인하지 못할 만큼 모두가 알고 있는 사실이다. "저 사람은 왜 저렇게 생각하고 행동하는 거지?"라고 말하며 이해하려는 시도조차 하지 않았고, 나의 기준을 들이밀며 그 기준과 다른 사람은 틀린 사람으로 치부할 때가 많았다. 그런 시선이 조금만 돌려지더라도 충분히 발전하고 있다는 좋은 징조라고 본다.

나를 깨닫는 지식은 피타고라스 정리나 근의 공식을 아는 것처럼 서술적인 명시적 지식이 아니라 학습과 경험을 통해 습득된 암묵적 지식이기에 이 고상한 지식에 대해 알고 설명하는 것이 쉽지 않을 것이다. 물을 먹어본 사람이 물의 맛을 알 수 있는 것처럼, 제대로 알게 된 지식을 경험하며 온몸으로 깨달을 때 그 지식의 깊이가 생기기 마련이다.

마찬가지로 나를 알게 됐다면 알게 된 것들을 기점으로 다른 사람들에게 대입을 시켜보고 대화를 해보면서 이해해보고자 행동으로 옮기는 것이 도움이 될 것이다. 가장 먼저는 나의 가장 가까운 사람들과 먼저 대화해보길 추천한다. 굳이 당신이 이 과정을 먼저 해봤다 해서 상담사처럼 상담하거나 우위를 가지고 대화를 할 필요는 없다. 서로에 대해 이해해보는 시간을 갖는 것만으로도 충분하다는 마음을 가지고 편하게 대화하면 된다. 특히 연인이나 부부, 가족과 함께 해보는 것도 좋은 방법이다. 가장 가까울수록 가장 서운한 사이라고 했던가? 서로에 대해 잘 안다 생각하는 가까운 사람이 사실 가장 모르는 사이일 수 있다. 연인과 가족은 우리가 사회 생활하며 속하는 수많은 조직을 생각하기 이전에 더 끈끈

하게 결속되어있는 관계이기도 하다. 다른 나라에 비해 우리나라는 서로 간의 이해를 하지 못하는 문제로 헤어지고 이혼하는 문제가 극심한 것을 잘 알기에 더욱더 이런 과정을 사랑하는 사람과 먼저 해보고 이해하는 과정이 필요하다고 본다.

특히 연애하는 대상과 서로에 대해 알아가는 시간을 보내면서 상대방에 대한 과거의 트라우마나 상처를 알게 되면 그런 비슷한 감정을 불러일으키는 상황에서 어떤 감정과 마음, 행동이 나올지 알 수 있기에 상처를 주지 않으려 말과 행동을 조심할 수 있고 예의도 지킬 수 있다. 연인은 너무 가까운 사이라서 오히려 더 무너지기 쉬울 수 있는 '예의'라는 단어가 과연 연인 간에 필요하냐고 되물어본다면 나의 대답은 "Yes"이다. 가까울수록 최소한의 예의를 지키는 것이 더더욱 무너져선 안 된다. 나와 타인을 존중할 줄 아는 사람은 절대로 사람에 따라 존중의 마음을 달리하지 않는다. 그렇게 서로가 왜 그런 생각과 마음이 들었는지 어느 정도 이해할 수 있는 단계에 이르게 되면 그로 인해서 하는 행동들도 이해할 수 있다.

한 20대 중반의 커플 상담을 한 적이 있었다. 자주 싸우는 이유를 들어보았는데 남자친구의 연락이 잘 안 되는 연애로 힘들어하고 있었다. 연락을 해도 답이 오지 않고 바쁘거나 친구들과 있을 땐 어디 지하동굴이라도 들어간 것처럼 연락이 안 되는 남자친구로 인해 여자친구도 화를 여러 번 내다가 지쳐있는 상태였다. 잡은 물고기에게는 먹이를 주지 않는다고 했던가? 연애를 시작하고 시간이 조금 지나게 되면 어느 정도 익숙해지면서 처음보다 자연스레 소홀해지게 되는 부분이 있다. 그러나 가까운 사이일수록 더욱더 기본적인 서로의 배려와 예의를 지키지 않으면 쉽사리 신뢰가 깨지기 마련이다. 연락은 예의와 배려의 문제다. 남자의 말을 들어보면 친구들끼리 있을 때 여자친구와 연락하면 친구들이 안 좋은 시선으로 바라본다는 것과 놀고 있는데 연락을 하는 게 친구들에게 미안하다고 이야기한다. 남자는 여자친구를 사랑하지 않는 것이 아니다. 예의와 배려가 없는 것이다. 그래서 나는 이렇게 말했다.

"친구들 앞에서의 체면과 예의는 차리면서 정작 여자친구에게는 예의를 차리지 않아도 된다고 생각하시나요? 당연히 다 이해해줄 거라 생각하며, 사랑한다면서 그것도 이해 못 해주느냐고 말하기 이전에 본인이 평소에 여자친구에게 신뢰를 주기 위해 얼마나 노력했는지 생각해보세요."라고 말이다. 매번 여자친구에게 직장 상사나 군대 선임에게 보고하듯이 보고하라고 하는 것이 아니다. 여자친구 입장에서 당신이 술 먹으러 나갔는데 늦은 시간까지 연락이 안 되면 당신을 걱정하고 있을 것이라는 생각을 단 한 번만이라도 인지했다면 그렇게 행동하지 않았을 것이라는 걸 말하고 싶은 것이다.

어딜 이동하고 있는지 정도라도, 잠깐 화장실 가는 시간만이라도 잘 살아있다고 생존 신고 정도는 해줄 수 있지 않은가? 친구들에게 예의를 차린다 치자. 몇 시간 동안 놀면서 당신은 화장실을 한 번도 가지 않는 방대한 방광을 가졌는가? 잠깐 10초에서 20초 정도 연락해줄 시간조차 없다는 건 극명한 핑계라는 것이다. 반대로 여자친구가 친구들이랑 술 먹으러 갔는데 나간 뒤로 저녁 12시가 넘어도 연락이 안 된다면 당신도 걱정이 될 것이다. 만약 "아닌데요? 저는 쿨하게 보내주고 연락 안 할건데요."

라고 말한다면 미안하지만, 당신은 여자친구에 대한 예의와 배려가 없는 것이 아니라 사랑하지 않는 것이다.

그리고 여자친구에게도 물었다. 그렇게 연락이 되지 않을 때 어떤 감정이 들며, 그 감정에 대한 본인의 바람을 남자친구에게 이야기한 적이 있는지 말이다. 마음이 너무 착하고 배려심이 넘치는 그녀는 평소에 혼자 참고 참으며 좋은 말로 남자친구에게 그러지 말라고만 이야기하다가 한 번씩 크게 싸웠다고 했다. 오히려 이야기하면 관계가 더 나빠질 것으로 생각했기 때문이다. 그러나 정반대이다. 남자친구가 연락되지 않을 때 본인이 어떤 감정이 들며, 그 감정에 대해 솔직하게 남자친구에게 말해주는 것이 도리어 둘의 사이를 좋게 만드는 방법이다. 그래서 본인이 느끼는 소외되는 감정과 외로움, 남자친구가 최소한 어느 정도만이라도 노력해줬으면 좋겠는지 이야기하는 시간을 가졌다. 남자는 처음으로 여자친구에 대한 예의와 배려가 없었음을 이해하였고, 여자친구는 처음으로 남자친구에게 자신의 속마음을 표현하였다.

연락이 되지 않아 의심하는 여자친구의 잘못이기 전에, 확신을 주지 못한 남자친구의 잘못이 먼저 있기에 마지막으로 남자친구에게 이렇게 말해 주길 권하였다. "자기한테 확신을 주지 못해서 미안해. 내가 앞으로 더 잘할게". 그리고 두 사람이 현재 왜 그렇게 가치관이 형성되고 생각하고 행동하는지 등을 서로의 과거의 상처들과 아픔들을 통해 더욱더 깊이 있는 이해를 하고 돌아갔다. 물론 이후에도 지금처럼 서로 이해해가는 과정을 수도 없이 거치게 될 것이다. 그러나 어느 임계점의 순간이 되면 단편적으로 연인의 어떤 장점들로 인해 좋아한다거나 단점들로 인해 싫어지는 것이 아니라 그 사람 자체를 사랑하는 것을 배우게 될 것이다. 그것이 진정한 사랑이다. 그러니 지금의 투닥거림은 진정한 사랑을 배우기 위한 하나의 과정에 불과하며, 당신이 잡고 있는 그 손을 놓지 않고 꽃길을 그녀와 함께 걸어가길 원한다면 이렇게 서로 이해해가는 과정이 필요하다.

연애란 평소 나만의 시간을 가진 것을 100이라 보았을 때 내 시간을 50으로 줄이고 나머지 50을 같이 보내는 시간으로 배분하는 것을 의미한다. 조금 익숙해졌다 해서 다시 100의 시간을 자기 일과 자신을 위한 시간으로만 가득 채우고, 연인을 우선순위에서 저 멀리 미뤄버린다면 그 관계는 반드시 파국으로 가게 될 것이다. 나 할 거 다 하고 만날 사람 다 만나면서 시간이 남으면 연인을 만나겠다는 것은 너무 이기적이지 않은가. 만약 그렇게 이기적으로 연애하겠다는 마음이 있는 사람이 있다면 그 사람은 연애할 자격이 없다고 본다.

또 다른 커플을 상담했던 경우를 보자. 흔히 말하는 자존심의 문제로부터 시작된 다툼이었다. 항상 그랬듯 사소한 것으로 싸우고 다음 날엔 왜 싸웠는지 이유를 잊은 채 상한 감정과 자존심이 다친 것만 마음에 담고 있는 것이 반복되어 쌓여있었다. 두 사람은 처음엔 정말 별것 아닌 것으로 시작했다. 밖에 나갈 때는 보일러를 외출로 두는 것이 맞는지, 아예 꺼버리는 것이 맞는지 이야기하다 결국 논쟁이 되고 그날의 데이트는 없던 것이 된다. 그러나 자존심을 내세우며 서로 미안하다는 사과나 제스처가 없는 상태로 어느 누구도 먼저 연락시도조차 하지 않은 채 하루를 꼬박 지나가게 둔다고 했다. 연인과의 관계를 해결하는 것보다 나의 자존심을 지키는게 더 중요하다고 생각하는 것이다. 자신의 의견을 무시한 상대방은 곧 자신을 무시한 것과 같다고 생각해버린다. 그렇게 격양된 감정이 식기까지 둘은 아무런 소통 없이 완전 남인 것처럼 하루를 보내는 것이다. 그리고 둘의 대화가 열어지는 시작점은 어김없이 여자친구의 울음으로 시작이 된다. 이런 패턴이 지겹고 미래가 그려지지 않는 남자친구는 결혼을 생각했던 여자친구임에도 끝을 생각하며 마음을 정리하고 있었고, 여자친구는 그 감정을 오래 가지고 있는 것이 고통스럽지만 남자친구가 먼저 미안하다고 자존심을 구기고 다가와 주길 바라는 마음으로 울며 지새웠다. 누구보다 자존심이 강한 남자친구인 것은 알지만 적어도 사랑하는 자신한테만큼은 예외였으면 좋겠다는 생각과, 자존심을 내려놓고 먼저 사과해주는 남자친구의 모습을 보면 자신이 사랑받는다는 느낌을 받을 것 같은 것이다.

그러나 둘 중 누구도 자존심을 포기하지 않았고, 결국 서로의 생각과 감정이 극한으로 치달은 상태에서 헤어지는 것을 선택해야 하나 고민하고 있던 것이다. 고름은 절대로 살이 되지 않는다. 상처가 났을 때 제대로 치료해주지 않아 생기는 고름은 잘라내야만 한다. 여기서 말하는 고름은 바로 '부정적인 내면 상태를 통해 형성된 자존심'을 의미한다. 이런 불건강한 자존심은 되려 나를 방어하기 위해 상대를 더 다치게 만들기 때문에 빠른 시일 내에 그 감정과 마음 상태를 인지하는 것이 무엇보다 중요하다. 자존심의 문제로 싸우는 이같은 경우에서 나는 가장 먼저 서로가 진심으로 둘의 관계를 개선하고자 하는 의지가 있는지부터 물어본다. 왜냐하면, 본인의 자존심이 중요한 것은 양쪽이 같은 마음이기에 마음부터가 자존심보다 상대와의 관계가 더 중요한지 알아보기 위해서다. 상대를 더 사랑하는 마음이 있으나 자존심을 굽히는 게 뜻대로 잘 안 된다고 말하는 것과, '나는 무조건 자존심을 굽힐 수 없어'라고 말하는 것은 천지차이기 때문이다. 만약 상대가 먼저 다가오지 않으면 절대로 나는 용서하지 않을 거라고 이야기한다면 본인의 자존감을 먼저 생각해봐야 할 필요가 있다. 그런 모습은 단지 성격이 강하고 자존심이 쎈 사람이라서 그렇게 행동하는 것이 아니라, 오히려 마음이 약하고 성숙한 어른이 되지 못한 어린아이이기 때문에 하는 행동이라 볼 수 있기 때문이다.

둘 사이의 관계를 풀기 위한 이 모든 것을 아우르는 답은 사실 정해져 있다. 자신의 마음을 표현하는 것이 결코 지는 행동이 아니라는 것을 인지해야 하며, 연인 간의 관계에 있어서 이기고 지는 비교 대상이 아니라는 점을 알아야 한다. 그리고 자존심을 조금은 내려놓는 행동으로써 서로 내가 왜 화가 났는지 차근히 설명하고, 상대방에게 미안한 자신의 행동을 하나씩 이야기해보는 것으로 시작하는 것이다. 그렇게 대화를 주고받았다면 마지막 마무리는 이래저래 해서 미안하다고 표현을 해주면 된다. 자존심이 강한 사람을 무장해제 시킬 수 있는 방법은 같은 자존심으로 맞부딪히고 논리로 이기고자 하는 것이 아니라 내가 낮아지는 것이 가장 빠르고 효율적이다. 그것이 어려운 두 사람이란 것을 알기에 최소한 헤어질 마음보다 잘해보고자 하는 마음이 더 강한지를 먼저 물어본 것이며, 각자 자존심을 조금은 내려놓을 수 있는 말을 하나씩 이야기해보고 사과표현을 한 것이다.

우리는 가까운 사이일수록 "감사합니다", "고마워", "죄송합니다", "미안해"라는 표현을 더 하지 않는다. 그렇기에 더 큰 효과를 볼 수 있는 것이 바로 감사와 사과의 표현을 해주는 것이다. 어느 순간 연애 초기만 하더라도 사소한 것도 "바래다줘서 고마워", "가져다줘서 고마워", "너무 많이 늦었네! 미안해" 등 감사와 사과의 표현이 많았었는데 그 숫자가 점점 사귀는 연차와 반비례하게 줄어들게 되면 나중에는 섭섭하고 서운한 감정이 들기도 한다. 그러니 연인 간에 서로는 비교 대상이 아님을 인지하고 지는 것이 아님을 생각하며, 둘의 관계를 더 중요하게 생각할 때 자존심을 내려놓고 표현을 하면 둘의 관계는 이전보다 훨씬 더 깊이 있는 뜨거운 연애를 하는 모습들을 볼 수 있는 것이다. 그리고 더 근본적으로 왜 그런 상황에서 자존심을 내세우게 되었는지, 그때의 감정과 내면 상태는 어떠했으며, 왜 그 상황에서 화가 난 것 같은지를 감정과 분리시켜 생각해보면 서로 인지에서 이해의 범주로 들어가게 될 것이다.

앞에 내가 상담한 두 사례는 연인 간에 누구나 많이 겪을 수 있는 일들이라 생각한다. 그러나 너무 걱정하지 마라. 사랑의 완성으로 가기 위해서 서로 이해하고 예쁘게 무르익어가는 자연스러운 과정이다. 실제로 연애하는 기간 내에 싸운 적이 많은 사람들이 결혼 후 이혼율이 더 낮다는 데이터도 있다. 오해할까 봐 하는 말인데 그렇다고 억지로 치고받고 싸우라고 분위기를 조장하는 것이 아니다. 그렇게 다투고 좋게 풀며 인지하지 못했던 자신과 상대의 내막에 숨은 가치관을 서로 돌아보게 되면 이제는 그저 그 사람 자체를 온전히 사랑하는 단계에 이를 수 있을 수 있다. 마찬가지로 내 주변 이웃 사람들을 이처럼 사랑할 순 없겠지만 적어도 그 절반의 노력만으로도 충분하다. 나 자신과 사랑하는 사람을 바라보며 이해했던 것처럼, 그 사람 자체를 바라보는 눈이 생기게 된다면 그 동안 우리가 고민해오던 대인관계에 대한 부분이나 스트레스 등을 훨씬 줄일 수 있으며, 우리의 삶에 대한 근본적인 행복을 향해 나아가는 모습도 스스로 만족할 만큼 예쁘고 멋진 삶이 펼쳐질 것이다.

여유로움에서 나오는 예쁜 언어

말은 마음에서 나온다고 이야기했었다. 그래서 마음 그릇이 넓어져 내적 여유가 생기면 같은 말이라도 더 예쁘게 할 수 있다. 반대로 말하면 마음의 여유가 없을 때 진짜 그 사람의 됨됨이 즉 성품을 알 수 있다. 필터를 거치지 않는 말의 거침이 그 사람의 성품과 밀접하게 연관되어있기 때문이다. 자아를 존중해줄 수 있는 마음을 가진 사람은 타인을 존중할 줄 알기에 말투에서부터 배어 나오기 마련이다. 말 한마디로 천 냥 빚도 갚는다고 했던가? 바쁘디바쁜 사회를 살아가는 우리는 그 말 한마디가 예쁘게 나오기 어려울 때가 많다. 특히나 회사나 특정한 목표를 위해 만들어진 조직에 있을 때는 사람들간에 심리적 거리감이 있어서 이렇게 자세한 부분까지 신경 쓰기가 여간 쉽지 않다. 그렇기 때문에 자아정체성의 근본을 깨달은 당신에게는 굉장히 유리한 사회이며 충분한 기회 요소다. 사람은 듣기보다 자신의 이야기를 말하는 것을 좋아하며 '경청하라' 라는 진부한 말들을 수십 번 수백 번을 들어봤겠지만, 경청도 그 사람에 대한 존중 없이는 절대로 할 수 없는 행동이다. 내가 굳이 내 시간과 마음을 써가며 입을 닫고 다른 사람의 말을 진심으로 듣고자 의도적으로 노력한다는 것 자체가 굉장한 에너지를 쓰는 행동이기 때문이다. 경청에 대한 중요함을 모르는 사람이 세상천지 누가 있는가? 그러나 그것을 진심으로 시행할 수 있게 된 당신은 어디에서도 빛이 날 것이다.

이전에 감사일기를 써왔다면 더욱더 공감할 것이다. 그동안 노력해온 당신은 글로 먼저 연습해왔고 입을 떼서 말해보며 긍정 시각에 대해 어느 정도 몸에 배었을 것이다. 당신은 그동안 부정적인 시각을 긍정적인 시각으로 바꾸는 훈련을 해왔던 것이다. '때문에'가 아닌 '덕분에'를 쓰며 사소함에 감사함을 찾다 보면 그 관점으로 조금씩 변화하게 된다. 신기한 것은 내 것으로 체화된 시각이 여러 상황이나 사람을 볼 때도 무의식적으로 나오게 되는데 그런 모습을 스스로 발견하면서 깜짝 놀란 경험을 이미 체험했을 수도 있다. 나 또한 화들짝 놀랐었던 기억이 있다.

나는 나다움을 찾기 전에 단 한 번도 첫인상이 좋다는 말을 들어본 적이 없다. 정말 절대 맹세코 결코 없다. 이목구비 자체가 자기주장이 강하고 이마는 얼굴의 절반을 차지하고 있어 누가 봐도 부담이 되고 느끼하다는 평을 자주 들었다. 명사로 표현하자면 속된말로 '양아치'라는 평을 제일 많이 들었고, 그다음으로는 '기생오라비 같이 생겼다'는 평을 들었었다. 그에 더해 말투는 굉장히 거칠었고 직설적이었기에 한편으론 내가 봐도 재수 없기까지 했다. 그리고 항상 '~로 인해 죽겠다'라는 부정적인 말을 많이 사용했다. "더워 죽겠다", "추워 죽겠다", "배고파 죽겠다", "배불러 죽겠다". 이 정도면 지금까지 내가 살아있는 것만 봐도 용하다.

그러나 나다움을 찾고부터는 내 인생이 완전히 180도 바뀌었다. 마음이 바뀌고 말이 바뀌니 인상까지 바뀌게 된 것이다. 상대방을 존중하는 마음을 갖게 되니 말투가 부드러워지고 다정해졌으며, 비속어나 은어를 쓰는 것이 어색해져 버렸다. 그 뒤로는 첫인상이 안 좋다는 말을 들어보질 못했다. 오히려 인자하고 무게감이 묻어나며 빛이 난다고까지 칭찬을 받았다. 물론 내 태평양처럼 넓은 이마에 빛이 반사돼서 그럴 수도 있겠지만 말이다.

나는 이 한 가지를 누구보다 확신할 자신이 있다. 상대방의 말을 들어보면 그 사람이 자신을 어떻게 생각하는지 알 수 있다는 것을 말이다. 자신이 습관적으로 하는 말들은 곧 자기 자신을 드러낸다. 자신은 인지조차 하지 못하고 불쑥 튀어나오는 말투와 어감이 그 사람의 자아 상태를 알려주는 척도가 되기 때문이다. 우리는 바보가 아니다. 처음 만날 때는 온 힘을 다해 예쁘게 말하는 연기를 하는 사람은 금방 들통나기 마련이다. 내가 머리로 계산을 하고 이야기하면 상대방도 머리로 받아들이고 계산하게 되며, 내가 마음에 있는 말을 전하게 되면 상대방도 마음으로 받아들이기 때문이다. 당신이 마음에 없는 말을 전하는 것은 울림이 없는 종소리와 같다. 진정을 담은 당신의 말은 10배 100배가 돼서 돌아온다. 그리고 그 사람의 좋은 점이든 부족한 점이든 나타나는 하나의 면모만 보고 판단하는 것이 아니라 그 사람 자체를 보게 되면, 그 사람의 숨은 뜻과 보석을 캐내는 것에 집중하게 되며 말을 하게 된다.

예를 들어 "나는 감정을 많이 타는 것 같아."라는 말을 듣게 되더라도 "그렇게 다양한 감정 스펙트럼을 가지고 있어서 다양한 사람과 공감하고 대화할 수 있는 것이 너의 강점이 된 것이 아닐까?"라고 대답해 줄 수 있다. "나는 너무 자기주장이 강하고 고집이 센 것 같아."라는 말을 들으면 "세상에선 A가 맞다고 생각해도 남들 따라 B라고 말하는 사람이 많은데 너는 의견 주장이 강해서 자신의 의견을 똑 부러지게 A가 맞다고 주장할 수 있는 사람인 것 같아. 손들고 질문 하나 못하는 바보들보다 나는 네가 더 멋있다고 생각하는데?"라고 말해줄 수 있다.

이런 말들은 단순한 말재주나 화술, 언변 따위가 아니다. 기술적인 접근이 아닌 본심에서 나오는 말이다. 여기에 더불어 예쁘게 말하는 스킬적인 모습까지 갖춘다면 더욱더 빛이 날 것이다. 그래서 스킬적인 부분까지도 3가지 방법을 아래 적어보았다.

첫째, 아이메시지(I-Message)로 이야기하라. 아이메시지는 보통 우리가 말하는 대화의 주체인 '너(You)'에서 '나(I)'로 포커싱을 돌려 나의 감정과 마음을 표현하되 상대방이 기분 나쁘지 않게 이해시키고 내 의견을 피력함으로써 원하는 행동을 할 수 있게 유도하는 방법이다. 말을 할 때는 상대방이 한 행동과 그에 따른 나의 감정을 이야기하고 원하는 행동을 제시하면 된다.

아이메시지 - 상황1 : 술 먹고 연락 없이 늦게 들어오는 남편

- **너(You) 메시지** 왜 이렇게 늦게 들어와? 연락은 왜 안 되고? 술은 또 얼마나 마신 거야! 늦게까지 술 먹지 말고 빨리빨리 집에 들어와서 애들하고 시간 좀 보내주고 그래!

- **아이(I) 메시지** 당신이 술 마시고 이렇게 늦게까지 연락이 안 되면 나는 당신이 무슨 일 생겼을까 봐 너무 걱정되고 날 신경 쓰지 않는 것 같아서 서운해. 앞으론 늦을 것 같으면 미리 연락 한 번만 주면 안 될까? 애들도 당신 보고 싶어서 기다리고 있는데 안쓰럽더라고.

아이메시지 - 상황2 : 만남 약속 시각을 습관적으로 늦는 지인

- **너(You) 메시지** 너는 맨날 이렇게 약속을 늦냐? 지금 몇 시야? 나는 시간이 남아서 기다리는 줄 알아? 매번 내가 먼저 도착해서 기다리는데 짜증이 안 나겠어?

- **아이(I) 메시지** 이번에도 너는 약속 시각보다 30분 늦게 나왔는데 나는 이렇게 매번 늦게 나오는 널 볼 때마다 너한테는 '나랑 한 약속은 중요하지 않게 생각하는 건가?'라는 생각이 들어서 화가 나더라. 나도 시간 맞추려고 알람까지 맞추면서 나온 건데 나를 무시하는 것이 아니라면 다음부턴 약속 시각을 지켜줄 수 있을까?

둘째, 전적으로 잘못을 자기 자신에게 돌려 이야기하라. 이 방법은 나보다 직책이 높거나 우위에 있는 사람과 대화할 때 그 사람의 입장과 위치를 지켜주며 나의 할 말을 부드럽게 할 수 있는 방법이다. 만약 당신이 있는 그대로 자신의 의사를 직접적으로 표현하거나, 바르게 이야기한다는 구실로 이야기하면 우위자는 공격적으로 받아들이거나 자신에 대한 '도전 의지'라고 받아들이고 당신에게 도리어 언짢은 말들로 되돌아올 수 있다. 그러니 모든 잘못을 자신에게 돌리고 상사의 위치를 올려주면 상대방의 마음 안에서 당신에게 가르쳐줘야겠다는 선한 욕구를 끌어낼 수 있으며 기분이 상하지 않게 내 의사를 전달할 수 있다.

자신에게 잘못 돌리기
- 상황1 : 직장 상사가 이해되지 않는 일을 시킨다

- 직접적인 표현 대리님. 이 부분이 이해가 전혀 안 됩니다. 왜 이렇게까지 해야 하나요?
- 잘못 돌리기 대리님. 제가 대리님에 비해 경험이 많이 부족해서 이 부분이 잘 이해가 안 되는데 혹시 가르쳐주실 수 있으실까요?

자신에게 잘못 돌리기
- 상황2 : 직장 상사가 말한 방법보다 더 좋은 방법이 있다고 생각한다

- 직접적인 표현 과장님. 과장님께서 제시하신 첫 번째 방법이 너무 비

효율적인 것 같아서 제 생각엔 이렇게 하는 게 더 나을 것 같습니다.

  - **잘못 돌리기** 과장님. 과장님께서 제시하신 부분 중에 첫 번째 방법을 듣고 과장님의 좋은 아이디어에는 못 미치지만, 저의 짧은 생각으로는 이렇게 해보는 방법도 있을 것 같다는 생각을 해보았습니다.

  셋째, 끝을 물음표로 마무리하며 상대방의 의견을 물어보라. 우리나라 속담에 '아 다르고 어 다르다'라는 말이 있다. 아무리 같은 내용이라 하더라도 표현하는 방식에 따라 듣는 사람이 다르게 받아드릴 수 있다는 것을 의미한다. 이 방법은 특히나 가까운 사이이거나, 리더가 구성원과 대화하는 방식으로 더욱더 효과를 많이 볼 수 있는 방법이기도 하다. 평서문으로 대화를 마무리할 것도 끝만 물음표로 바꾸어주면 상대가 듣기에 자신을 존중해주는 느낌을 받을 수 있다. 또한, 충분히 통보할 수 있는 상대적 높은 위치임에도 불구하고 의견을 묻는 방법으로 대화체를 바꿔서 이야기해주면 듣는 상대방은 주장이나 명령처럼 압박으로 다가오는 말이 아니라 함께 해보자는 권유처럼 들린다. 연인 간에도 내가 바쁘고 힘들거나 심리적 여유가 없으면 상대방을 배려하기 위한 마음이 쉽지 않을 수 있고, 그러다 보면 말이 직설적이거나 상처 주는 말로 이야기할 수 있다. 그럴 땐 많은 에너지를 쓰지 말고 말의 끝부분만 물음표로 바꿔보라. 훨씬 듣기에 좋게 들릴 것이다.

의견을 물어보기 - 상황1 : 연인과의 대화
  - **마침표** 자기야. 나 지금 직장 일이 바빠서 연락 안 돼.

- 물음표 자기야. 나 지금 직장 일이 바빠서 연락하기 어려울 것 같은데 이따 연락해도 될까?

의견을 물어보기
- 상황2 : 연인과의 대화

- 마침표 자기야. 이런 상황에선 이렇게 하는 게 더 좋은 방법인 것 같아.

- 물음표 자기야. 이런 상황에선 이렇게 하는 게 더 좋은 방법처럼 보이는데 이렇게도 해보는 건 어때?

의견을 물어보기
- 상황3 : 직원과의 대화

- 마침표 건태님. 이 프로젝트 서류는 5시까지 제출해야 하니까 이런 형식으로 작성해 오세요.

- 물음표 건태님. 이 프로젝트 서류는 5시까지 제출해야 하니까 이런 형식으로 작성해 오면 좋을 것 같은데 시간 안에 가능하실까요?

그렇다고 해서 모든 말을 다 물음표로 하라는 것이 아니다. 물음표가 아닌 마침표로 빠르게 의사를 전달해야 하는 상황도 있다. 결정권을 가지고 있는 리더라면 통보해야 하는 때도 있는 법이다. 리더가 모든 의견을 묻는다는 것은 리더십이 없고 줏대가 없는 사람으로 비칠 수 있기 때문이다. 또한, 연인 간에도 배려랍시고 너무 많은 것을 묻기보다 어떨 때는 센스있게 알아서 하고 나서 알려주거나, 평소와는 다른 박력 터지는 리더십의 모습을 보여줄 때 설레기도 한다. 그러니 하나의 기술로써 보유하고 적재적소에 잘 사용해보길 바란다.

유통기한이 짧지 않은 행복의 연결점

　우리는 나다움을 찾는 여정을 쉼 없이 달려왔다. 나의 현 위치를 객관적이고도 인간미 있게 자신을 진심으로 찾고자 노력했고, 미래의 목적을 향해 달려갈 일만 남은 채 성장할 자신을 상상하며 기대에 부풀어 있을 것으로 생각한다. 사람은 왜 살아가는가? 추상적이고 뜬구름 잡는 것만 같은 '행복'이라는 단어로 자신의 인생 전체를 포함한 최종 도달점을 치부해버리기엔 사람마다 각자 너무나 다른 행복의 기준점들을 이야기한다. 그 행복의 근간이 무엇인지를 우리는 진지하게 고민해보았고 결국 그 답을 자아에서 찾았다. 그저 그냥 남들이 말하고, 주변 사람들이 말하며, 무의식적으로 쿡 찌르면 나오는 대답으로의 그런 행복이 아닌 '자아완성에 도달하는 행복'을 얻기 위해 살아간다고 우린 깨달았다. 앞서 언

급했듯 목적과 목표의 차이점을 이야기하였고 그 차이는 최종적인 도달점과 과정이라고 설명했다. 목적의식이 확실한 사람은 살아가는 동기도 너무나 다르다는 것을 알았고, 마음가짐과 삶의 의지도 다를 것임을 우리는 느꼈다. 내가 상담을 마무리할 때면 많은 분들이 나에게 묻는다. "그래서 쌤은 자아완성이라는 단어에 걸맞은 삶의 목적이 뭐예요?". 나는 그러면 그림을 그리며 한 문장으로 설명한다. A4용지를 가로로 길게 눕히고, 위에서 2/3지점에 직선으로 가로줄을 그려 무대라고 설명한다. 그 무대 아래에는 수많은 동그라미를 그리며 사람의 머리를 의미한다고 이야기하고, 무대 위 가운데에 스탠드마이크를 세우고 그 앞에 멋진 남자 한 명을 그린다. 양쪽 천장에선 조명이 그 남자를 향해있으며 그는 누구보다 당당하고 자랑스럽게 마이크를 손으로 잡고 말을 이어가고 있다. 나의 삶의 목적은 타고난 말로써 어감과 위트를 살려 전 세계 사람들에게 선한 영향력을 전해 마음을 울리는 것이다. 그 목적을 이루기 위해 나 또한 자아완성의 길로 가기 위한 부단한 노력을 하고 있고, 하나의 목표로써 나다움을 찾아가는 기가 막힌 맛을 전하는 이 책을 너무너무 기쁜 마음으로 손가락 끝에 힘을 주면서 쓰고 있다. 또한, 나에 대해 궁금해하는 사람이라면 언제든지 상담을 마다하지 않았으며, 항상 어디라도 달려갈 준비가 되어있다. 당신이 살고있는 국적이 달나라만 아니라면 말이다. 그렇게 부단히 목표를 이루어가며 목적에 다가가는 삶의 하루하루는 누군가 뒤에서 내 몸을 빨래 짜듯이 꽈악 끌어안아 주는 것만 같은 짜릿함의 나날이다.

　당신은 현재 어떤 것에 투자하며 살아가고 있는가? 그리고 삶의 목적을 위해 어떤 것들을 세상에 전하고 있는가? 이 두 질문에 확신에 찬 목소리로 대답할 수 있는 당신은 이미 자신을 믿는 믿음이 나를 능가하였다.

나는 무거운 주제이지만 가볍게도 이야기할 수 있는 인생의 목적에 대한 것에 말할 때면 이런 말을 듣곤 했다. "목적의 중요성은 알겠어요. 그런데 목적을 향해 달려가는 목표를 이루어가는 길은 너무 고된 길 아닌가요? 끝에만 행복하고 그 과정이 불행이라면 나는 지금 행복하고 싶어요". 그러면 나는 이렇게 대답한다. "오히려 그 반대입니다. 행복이라는 두 글자의 추상적인 단어는 우리에게 동기를 부여하기가 여간 쉽지 않습니다. 그러나 그보다 확실한 목적을 가지고 그것을 이루기 위한 작은 목표들을 하루, 한 달, 일 년동안 계속해서 이루어가면 그 하루하루의 미소 지어지는 작은 뿌듯함이 이어집니다. 즉, 목적을 위해 날마다 수많은 목표를 완수하며 보람찬 행복 점들이 연결되면 멋진 선이 되고, 그 멋진 선들이 근사한 면을 만들 것입니다. 그 근사한 면들이 어느덧 눈부신 입체가 되는 것입니다. 그 과정이 고되다고요? 맞습니다. 고되지 않고 편한 길이라면 거짓말이겠지요. 그러나 우리는 고되지 않은 것에 집중하는 것이 아니라 고되지만 행복한 것에 집중하는 것입니다. 고되지만 정말 보람찹니다. 고되지만 멋지고 근사하며 눈부신 미래가 나에게 와닿는 느낌이 듭니다. 심지어 이러다가 당장 도달할 것만 같은데? 라는 생각까지 들 때도 있습니다."라고 말이다.

결국, 자아완성이란 나와 타인, 사람에 대한 모든 이해를 바탕으로 나다움을 완전하게 찾고 확장하여 그 선명한 깨달음을 멋지게 펼치는 것이 진정한 의미가 될 것이다. 내가 살아가는 이유와 목적을 깨닫고 사는 삶은 생각만으로도 얼마나 멋지고 아름다운가? 돌아가는 세상과 사회에서 눈을 잠시 잠깐 떼고 나에게 집중하는 시간을 갖는 것만으로 이 정도로 아름다운 삶을 살 수 있는데 투자하지 않을 것인가? 나를 설명할 수 있는 힘을 갖는 것이 당신이라는 무기를 갈고 닦는 획기적인 길이 될 것임을 확신한다.

더는 무기를 손에 쥐고자 노력하지 마라. 당신 자체가 무기가 되어 갈고닦는다면 그 무엇도 필요 없다. 아무리 사치스러운 1000만 원의 명품 옷을 입더라도 사람이 1만 원만큼의 가치도 안되는 사람이라면 명품도 짝퉁처럼 보인다. 그러나 당신이 1000만 원만큼의 빛이 나는 사람이라면 1만 원짜리 티셔츠를 입어도 명품처럼 보일 것이다.

기억하라. 아무리 금그릇 은그릇이라 할지라도 그릇에 담뱃재가 있다면 그 안에 음식을 담아 먹을 수 없는 법이다. 그 그릇은 그냥 재떨이일 뿐이다. 그러나 나무 그릇이나 질그릇이라 할지라도 깨끗하게 닦고 그 안에 보석을 담으면 귀한 보석함이 된다.

요즘같이 청년들이 제일 힘든 시기에 '수저계급론'이란 말이 계속해서 수면 위로 떠 오른다. 수저계급론이란 개인의 노력보다 부모님의 자산이나 집안 소득에 따라 성공으로 가는 시작점이 다르며 그 결과도 다르다는 것을 의미한다. 도대체 그 성공이라는 척도가 무엇인가? 지금처럼 '돈이 곧 성공이다'라고 판치는 세상에서 살아가며 오로지 인생을 돈에 갈아 넣는 허탄한 인생을 살아가는 것이 진정 성공이라 말할 수 있는 것인가? 그렇게 나의 부모님과 환경만 바라보고 있으면 상황이 달라질 리 없다. 이 세상이 불공평한 것은 부정할 수 없다. 그리고 나 또한 부자가 돼본 적이 없어 돈을 많이 벌면 행복한지는 뚜렷한 경험담을 들려줄 수 없다.

그러나 꼭 똥인지 된장인지 찍어 먹어봐야 알 수 있는 것은 아니다. 자신의 기본적인 삶을 영위하기 위한 먹고사는 일은 매우 중요한 것이 사실이지만, 인생의 목적이 내 입으로 들어가는 것에만 치중되어있다면 짐승과 다를 바가 무엇이 있겠는가. 나는 당신에게 수천만 원을 벌 수 있는 노하우는 줄 수 없지만 수천만 원의 값어치를 전해줄 자신은 있다. 그리고 이 가치를 받은 당신도 나 이상으로 이전보다 더 가치 있는 사람이 되었고, 주변 사람들을 바라보는 것도 자신을 바라보듯 할 것이다. 중요하니 다시 강조한다. 그릇의 종류가 중요한 것이 아니다. 수저의 종류가 중요한 것이 아니다. 그 안을 깨끗하게 씻는 것과 무엇을 담고 있는지가 더 중요하다. 지금 바로 당신의 내면과 마음에 집중하라.

이제는 내가 이 시대의 심청이

우리는 '심청전'에 대해서 잘 알고 있다. 한국의 고전소설이자 맹인인 아버지의 눈을 띄우기 위해서 공양미 삼백 석에 자신을 팔아 인당수에 몸을 던지는 효녀에 관한 이야기이다. 이제 이 이야기는 나와 당신의 이야기가 되었다. 무슨 소리냐고? 원래의 뜻과는 조금 다르게 해석해보자면, 심봉사는 마음(心)이 어두운 사람이라 보고, 심청이는 마음(心)이 맑은 사람이라 보며 대입해보자. 심봉사가 눈을 뜨기 위해선 심청이의 헌신이 필요한 것처럼, 마음의 눈을 뜨고 먼저 맑아진 사람의 헌신이 있을 때 어두운 마음의 눈을 가진 사람도 그 눈을 뜰 수 있다. 나다움의 중요성을 깨달은 우리는 이 시대의 심청이가 되어 심봉사의 눈을 띄워주는 사명이 생긴 것과 같다고 볼 수 있다. 나도 당신도 아직 완전히 마음이 맑아졌다고 보기엔 부족한 점이 많겠지만 최소한 그 가치를 깨달은 것만으로도 눈을 반쯤 정도는 뜨고 있다고 볼 수 있지 않을까? 이 책을 쓰게 된 것도 내가 이 시대의 심청이가 되었단 생각으로 도전하였다. 나의 인생의 목적에 다가가기 위한 하나의 목표로써도 말이다. 우리 모두 다 같이 진정으로 행복한 길로 갈 수 있으리라 생각했다. 그것이 이 땅에 태어난 우리들의 '삶의 낙'이기 때문이다.

대부분의 사람은 우리나라가 행복지수가 낮은 이유에 관해 물어본다면 이렇게들 대답할 것이다. '여전히 헬(hell)조선이다. N포세대다'. 맞는 말이다. 그러나 나에게 처한 상황들로만 그 탓을 돌리며 살아간다면 우리는 영원토록 지옥(hell)에서만 살고 천국(heaven)은 오지 않을 것이다. 이를 위해서 우리는 더욱더 심청이의 역할을 해내야만 한다. 나의 사랑하는 사람과 자녀, 후대를 위해서 꾸준히 외친다면 그 언젠가 모두가 바라는 세상이 올 것도 같다.

그렇게 생각하게 된 것도 미국에서 굉장히 유명했던 〈클레멘트 코스〉를 통해 보았기 때문이다. 이 코스의 내용은 한마디로 말해 '인문학' 과정이다. 그 배경을 보면 사람들의 가난한 이유에 대해 정신적인 교육을 받은 삶이 없기 때문이라는 근본적인 이유를 알게 되었고, 그러한 교육을 통해 노숙자, 빈민층, 죄수들, 마약중독자 등을 포함한 사회적 약자인 사람들에게 실질적인 돈과 먹을 것을 주었던 과정들보다, 훨씬 더 큰 사회적 소망을 가지며 살아가는 사람들로 변화시켜줄 수 있었다. 그 무엇보다 '자존감의 이해'가 사람에게 있어 가장 소중하다는 것을 깨달았기 때문이다.

나다운 삶을 사는 것은 이처럼 뭐든지 할 수 있다는 자신감이 담긴 꿈을 안고 살아갈 수 있게 해준다. 마치 흰 백색 종이에 내 멋대로 그린 그림이 그대로 현실이 되는 느낌이랄까? 나에 대한 인지를 연습하고 나면 깊은 이해의 과정을 통해 내가 먼저 변화한다. 그리고 다른 사람들까지도 변화시키게 된다. 이제는 내가 사랑하는 사람들과 주변 이웃까지도 자신에 대한 이해를 바탕으로 나다운 삶을 살아가는 길에 도전할 수 있게 도와주는 것을 목표로 살아보는 것은 어떨까? 좋은 것은 나누면 배로 돌아오고, 베푸는 선의는 어떤 모양으로라도 돌아올 것이다.

　지금 시점의 우리 모습을 비유해보자면 축구선수로서 모든 상대방 선수들을 제치고 험난함을 뚫은 후에 골키퍼와 1대1로 마주 보고 있는 상황 같다. 슛을 시도하면 성공확률은 들어가거나 들어가지 않거나 50%의 확률이겠지만, 슛을 할 생각조차 안 한다면 성공확률은 0%이다. 50%의 확률을 두고 0%를 선택할 바보는 아무도 없다. 나다운 삶을 사는 행복에 과감하게 도전하고 세상에도 외치며 손을 내밀어보자. 그것이 우리가 사랑하는 골키퍼의 골문에 슛을 하는 행위이다. 이 메마른 세상에서 살아가는 사람들 모두가 나답게 살아가며 밝게 웃는 그 날이 오기를 기쁜 마음으로 고대해본다.

에필로그

지금은 열심히 달리던 발걸음을
잠시 잠깐 멈춰야 할 때이다

나와 손을 잡고 동역자로서 고된 나다움의 길을 함께 걸어준 당신이 있어서 참 다행이다. 이게 전우애 아니겠는가. 어쩌면 많은 다른 사람들과는 다른 방향으로 가야 할 길을 선택해주었기에 더 각별한 마음이 드는 것 같다. 인생의 마라톤 시작을 알리는 총소리는 이미 울렸고 다들 마지막에 꽂혀있는 깃발을 향해 앞만 보고 달려가는 것 같은데, 반대로 나는 잠시 잠깐 멈춰 내가 달리고 있는 이유에 대해 생각해보라고 했으니 말이다. 그러나 그 시간을 갖고자 용기를 내준 당신에게 존경한다는 말도 해주고 싶다. 모두가 앞만 보고 달리는 레이스에서 멈춘다는 것은 절대 쉬운 행동이 아니기 때문이다. 그러나 지금은 느꼈으리라 생각한다. 그 시간이 마냥 낭비의 시간이 아니었음을 말이다. 우리는 주저앉아 쉬고 있던 것이 아니라 더 크게 불을 지피기 위한 장작에 입김을 불고 있었던 것이다. 그러나 그 속을 모르는 사람들은 넘어져 쉬고 있는 것처럼 보이는 우리를 이해하지 못하고 잔소리하며 채찍질할지도 모른다. 그럴 땐 잊지 마라. "그건 그거고, 알 바야?" 그런 말들은 귀를 닫고 '알 바야? 정신'으로 되갚아 주면 된다.

코로나19 시대가 오면서 수많은 사람의 마음속에 숨어 있던 자아에 대한 본능이 드러나면서 더욱더 나의 현 위치를 먼저 아는 것이 중요하다는 것을 사람들은 느끼고 있다. 이제는 미래에 대한 목적지를 바라보기 이전에 자신의 본질을 먼저 들여다보는 것이 중요하다는 것을 눈치채고 있는 것이다. 우리는 운이 좋아 조금 더 일찍 그 사람들보다 나다움의 능력을 맛보았을 뿐이다.

우리의 인생에선 중요한 것들이 참 많고 해야 할 것들이 많다. 그러나 나다운 삶을 살아가는 우리는 마치 사막을 걷는 오지 레이스 안에서 끝까지 함께 손잡고 걸을 동료를 얻은 것과 같다.

지옥의 레이스라고 불리는 '사하라사막 마라톤'에 대해 들어본 적이 있는가? 이런 극한의 오지 레이스는 7일간 250km를 달려야 하는 목숨을 걸고 하는 익스트림 스포츠다. 그래서 반드시 이 사막 마라톤대회에 참석하기 전에 작성하는 각서가 있다. 내가 대회 도중 죽더라도 협회 측에 책임을 묻지 않고 오직 내 책임이라는 내용이다. 한마디로 목숨을 걸고 하는 도전인 것이다. 마치 죽기 살기로 열심히 다짐하며 살아가고 있는 우리처럼 말이다.

그렇게 사전에 모든 장비와 물을 점검하고 레이스를 참석하지만 애석하게도 많은 사람이 죽는다. 사망하는 이유 중 한 가지는 우리가 예상했던 대로 '탈수'가 많은데 한 가지 의문점이 들게 된다. 왜냐하면, 죽은 사람들의 물통에 물이 많이 있었기 때문이다. 탈수라면 물을 마시면 되는 것이 아닌가? 왜 탈수로 죽었을까? 사막은 낮 기온 섭씨 50도, 밤 기온 0도라는 아주 가혹한 기후에서 무거운 배낭을 메고, 방향감을 상실할 것만 같은 푹푹 빠지는 모래밭을 헤쳐나가는 극한의 환경이다. 사람이 탈수가 일어나는 것을 느끼려면 땀이 흘러내리는 것을 피부의 촉각을 통해 느껴야 하는데, 땀이 나자마자 증발해버리니 속에서는 이미 탈수가 일어나고 있지만 알아차리지 못하는 것이다. 그래서 이 사막 레이스를 끝까지 완주하기 위해선 탈수가 느껴지지 않더라도 주기적으로 물을 먹어주어야 한다. 그래야 너무나 고통스럽고 힘들더라도 탈수를 일으키지 않고 끝까지 완주할 수 있다.

이 과정이 험난한 삶을 사는 우리 같지 않은가? 사막을 걸을 때 탈수가 느껴지지 않더라도 시간을 정해서 정기적으로 물을 먹어주어야 하는 것처럼, 나다움을 찾는 것이 중요하다고 느껴지지 않더라도 주기적으로 중요한 것임을 인지하고 시간을 보낸다면 탈수로 인해 죽지 않고 반드시 인생의 목적지까지 도달할 수 있을 것이다. 그리고 그 길은 혼자 걷는 것이 아니라 그 중요함을 깨달은 우리가 함께 손을 잡고 서로를 의지하며 든든한 존재가 되어주고 있다. 이쯤 되면 내가 당신에게 사랑한다고 고백할 것만 같아서 두려울 수도 있다. 눈치가 빠른 당신에게 이 말을 전하고 싶다.

"당신이라는 사람 그 자체만으로도 충분히 소중하고 좋은 사람이니 지금 당장 나답게 살아라."

마지막으로 코로나 시대를 겪으며 자신의 감정과 마음, 미래에 대한 불안감, 대인관계 등으로 어려워할 이 땅의 모든 청년들과 하늘에서 바라보고 있을 소중한 그 사람에게 이 책을 바친다.

본질적인 나다움

초판 1쇄 발행 | 2023년 1월 31일

지은이 | 이건태
펴낸이 | 김지연
펴낸곳 | 생각의빛

주 소 | 경기도 파주시 한빛로 70 515-501
출판등록 | 2018년 8월 6일 제 406-2018-000094호

ISBN | 979-11-6814-019-6 (03190)

원고 투고 | sangkac@nate.com

* 값 14,500원

* 생각의빛은 삶의 감동을 이끌어내는 진솔한 책을 발간하고 있습니다.
참신한 원고가 준비되셨다면 망설이지 마시고 연락주세요.